Serge Boimare

CRIANÇAS IMPEDIDAS DE PENSAR

Colaboração de
Samuel Socquet-Juglard

Dados Internacionais de Catalogação na Publicação (CIP)
(Câmara Brasileira do Livro, SP, Brasil)

Boimare, Serge
Crianças impedidas de pensar / Serge Boimare, colaboração de Samuel Socquet-Juglard ; [tradução Marcelo Dias Almada]. – São Paulo : Paulinas, 2011. – (Coleção pedagogia e educação)

Título original: Ces enfants empêchés de penser.
Bibliografia
ISBN 978-85-356-2960-6

1. Crianças - Dificuldades de aprendizagem 2. Medo em crianças (Psicologia infantil) 3. Pedagogia 4. Psicologia da aprendizagem I. Socquet-Juglard, Samuel. II. Título. III. Série.

11-12545 CDD-370.1523

Índice para catálogo sistemático:
1. Crianças impedidas de pensar : Psicologia educacional 370.1523

Título original da obra: *Ces enfantes empêches de penser*

1ª edição – 2011

Direção-geral: *Bernadete Boff*
Editora responsável: *Maria Alexandre de Oliveira*
Assistente de edição: *Rosane Aparecida da Silva*
Tradução: *Marcelo Dias Almada*
Copidesque: *Ana Cecilia Mari*
Coordenação de revisão: *Marina Mendonça*
Revisão: *Ruth Mitzuie Kluska*
Gerente de produção: *Felício Calegaro Neto*
Capa e editoração eletrônica: *Wilson Teodoro Garcia*

Paulinas

Rua Dona Inácia Uchoa, 62
04110-020 – São Paulo – SP (Brasil)
Tel.: (11) 2125-3500
http://www.paulinas.org.br – editora@paulinas.com.br
Telemarketing e SAC: 0800-7010081

Agradecimentos a Françoise B.,
por suas críticas esclarecedoras.

SUMÁRIO

PARTE 3

Como enfrentar a contestação?

PREFÁCIO

SERÁ POSSÍVEL CONCEBER UMA ESCOLA DIFERENTE?

Para enfrentar a questão da dificuldade de aprendizado

Invariavelmente, embora já não se fale em gazeteiros ou preguiçosos, na escola vamos sempre encontrar um núcleo de alunos que não conseguem obter o domínio dos conhecimentos fundamentais.

Esses alunos são tão curiosos, tão inteligentes quanto os outros, mas, ao deixarem a escola, entre dezesseis e dezoito anos, irão ler um texto de dez linhas sem conseguir extrair dele a ideia principal e escreverão sem aplicar as regras básicas da gramática. E o que é ainda mais grave: falarão sem serem capazes de encadear dois argumentos para defender uma ideia, um ponto de vista.

Por que esse resultado tão fraco? Por que a escola sempre se permitiu tamanho fracasso?

Nem mesmo os professores da Terceira República,* que não haviam sido contaminados pelo laxismo decorrente

---

* A Terceira República (1870-1940) iniciou-se durante a Guerra Franco-Prussiana e terminou na Segunda Guerra Mundial. Nesse período,

de maio de 1968, conseguiam que o nível de certificado de estudos fosse atingido por mais da metade de uma faixa etária... Por certo eles brilhantemente nos demonstraram que certas crianças provenientes das classes mais populares puderam assumir responsabilidades maiores graças à escola. Não levaram, no entanto, em consideração aquelas que ficaram à beira do caminho, e em número ainda mais elevado que o de hoje.

Já é tempo de colocar em prática as propostas pedagógicas surgidas nesses intermináveis debates sobre os métodos de leitura ou sobre o papel da autoridade. Já é mais que tempo de se preocupar com o essencial, e não tanto em definir pela enésima vez a base dos fundamentos, revalorizando os velhos métodos de pedagogia, os quais, aliás, já revelaram amplamente seus limites.

Deixemos de lado os caminhos já demasiado explorados, que não produziram efeito algum no tocante ao fracasso escolar. Deixemos de formar comissões de pretensos especialistas em educação a respeito desse fracasso: seus relatórios sempre produzem uma cortina de fumaça que impede a compreensão do motivo pelo qual crianças inteligentes não conseguem dominar saberes amplamente a seu alcance.

---

realizou-se um trabalho na educação escolar de grande amplitude, em que as leis escolares instituíram o ensino primário gratuito, laico e obrigatório para todas as crianças de 6 a 12 anos e, além disso, o Estado investiu pesadamente na construção de escolas e na formação de professores. (N.E.)

O bloqueio de raciocínio é mais responsável pelo fracasso escolar do que a falta de competências

Com base em uma experiência profissional de professor e de psicopedagogo que me põe há mais de quarenta anos em contato com crianças e adolescentes em falência escolar, gostaria de demonstrar nesta obra que o problema desses alunos não é tão complicado quanto parece e que há um modo de fazê-los avançar na classe comum sem com isso penalizar os outros alunos. Assim, em poucos anos a escola veria cair pela metade o número de casos irredutíveis.

Para isso, antes seria preciso deixar de ver com antolhos a dificuldade de aprendizagem e, também, de sempre explicá-la pela falta de motivação e pela insuficiência de competências.

> Na maioria dos casos, a dificuldade de aprendizagem responde a uma outra lógica, que nos recusamos a ver e, mais do que isso, nos recusamos a tratar: a lógica do medo de aprender e de sua principal consequência, o bloqueio da capacidade de pensar. Por causa desses dois fatores, as crianças em questão já não dispõem dos meios de se servir normalmente de sua inteligência.

Nos exemplos seguintes, provindos de minha experiência, veremos como o bloqueio do raciocínio é responsável, de modo determinante, por dois terços dos casos de dificuldade de aprendizado. Se algum dia viermos a admitir essa ideia, talvez então finalmente compreendamos a inutilidade, no tocante a determinados alunos, de intensificar a pressão, insistindo constantemente em algo que não funciona...

A partir do momento em que as competências necessárias ao aprendizado não estão disponíveis, por terem sido excessivamente perturbadas por temores e sentimentos parasitas, toda a situação pedagógica se encontra desvirtuada. É muito pernicioso sobrecarregar alunos nessa situação com treinamentos suplementares e exercícios repetitivos, que sempre se transformam em braços de ferro. A abordagem pela repetição e pelo reforço das horas de trabalho marca de uma vez por todas o destino desses excluídos que tanto desmoralizam nossos professores de colégio.

Pôr de novo o pensamento em marcha por meio da cultura e da linguagem

Colocar a máquina de pensar novamente em funcionamento é uma prioridade na luta contra o fracasso escolar. Por que a recusa em compreender que a eficácia dos exercícios aplicados com o objetivo de preencher as lacunas, ou reforçar as bases, baseia-se, antes de tudo, no funcionamento intelectual recolocado em movimento pelo interesse e pelo desejo de saber?

> A especialidade de crianças inteligentes que não alcançam os saberes fundamentais é justamente inventar meios de congelar os processos de pensamento. Essa estratégia lhes permite escapar das inquietações e das frustrações que o aprendizado provoca nelas.

Enquanto não as ajudarmos a primeiramente lutar contra esse mecanismo, não chegaremos a resultado algum, mesmo com as prescrições pedagógicas mais sofisticadas apresentadas por nossos melhores mestres.

Se acreditarmos na prioridade de suscitar o interesse e o desejo de saber, talvez tenhamos a lucidez e a sensatez de admitir que a pedagogia já traz em si as duas ferramentas mais eficazes para responder ao desafio do bloqueio do pensamento: a cultura e a linguagem.

Se a escola souber recolocar a cultura e a linguagem no núcleo das aprendizagens, se oferecer meios de se servir diariamente delas para interessar e nutrir seus alunos, se utilizá-las para encontrar novos pontos de apoio que deem sentido aos saberes transmitidos, então talvez vejamos que, sem meios suplementares e sem revolução, uma outra escola é possível.

Uma escola para todos

Nessa escola torna-se enfim imaginável colocar lado a lado todas as crianças, sem exclusão e em benefício de todos. Essa escola não é um sonho. Tampouco é difícil criá-la, como demonstro nas páginas seguintes.

A primeira parte desta obra apresenta e descreve o fenômeno do bloqueio da capacidade de raciocinar, demonstrando por meio de exemplos concretos como esse fenômeno inexoravelmente conduz nossos alunos a mobilizar energias de antiaprendizado bem mais eficazes e atuantes que nossos melhores remédios.

Na segunda parte, abordo as práticas pedagógicas a serem privilegiadas para reduzir os efeitos da coibição do ato de pensar. Isso nos permite ver como a alimentação cultural intensiva e o exercício cotidiano do debate – dois elementos essenciais na luta contra o fracasso escolar – podem também se tornar trampolins excelentes para recolocar em marcha o desejo de saber e a motivação de nossos melhores alunos. É preciso reconhecer que eles às vezes também têm necessidade disso.

Por fim, a terceira parte desta obra é dedicada a um exemplo que nos permite compreender a que ponto o trabalho em equipe dos professores, centrado na análise da prática e na preocupação com as interações entre os saberes disciplinares, constitui uma verdadeira coformação indispensável à evolução da escola.

Ao longo de toda a obra, o texto está pontuado de perguntas, a maioria das quais me foram endereçadas diversas vezes em conferências sobre a questão da coibição do ato de pensar. Eu as retomo neste livro, devido a que me permitem esclarecer algumas ideias ou aprofundar o texto; além disso, provavelmente virão ao encontro das interrogações do leitor. Lançam elas uma outra luz sobre o desenvolvimento, mas podem ser lidas de modo independente.

O objetivo não é, portanto, modesto. Como o demonstram as proposições apresentadas nestas páginas, é antes pensando naqueles que têm dificuldades para aprender a ler, a escrever e a falar que permitiremos também aos melhores alcançar a excelência.

> Não tenhamos mais medo da classe heterogênea: é nela que se baseia a esperança de elevar novamente o nível de nossa escola.

PARTE 1

CRIANÇAS INTELIGENTES QUE NÃO SABEM LER?

1 DO MEDO DE APRENDER AO BLOQUEIO DA CAPACIDADE DE RACIOCINAR

O CAMINHO MAIS ESCOLHIDO PARA O FRACASSO ESCOLAR

Quando aprender provoca medo, quando há recusa em utilizar a reflexão

A falência escolar apresenta-se sob múltiplas formas; vem acompanhada de distúrbios de comportamento e de déficits de competência de expressão extremamente variados. Conforme a moda e a época, a isso foi dada uma causa de origem social, cultural, psicológica ou médica; que tal fato seja ou não verdadeiro pouca importância tem para mim: o essencial para a pedagogia não reside aí.

Na realidade, o problema das crianças em falência escolar é sempre o mesmo: qualquer que seja a causa, elas não querem ou não conseguem recorrer ao pensamento para aprender. Esse fator, que devemos considerar determinante, é observado por todos os educadores. É, no entanto, sobejamente ignorado nas proposições de ajuda apresentadas às crianças com dificuldade.

Essas crianças parecem ficar de fato perturbadas, até mesmo desestabilizadas, por essa etapa-chave do aprendizado denominada reflexão: quando lhes é pedido que busquem e construam a fim de adentrar o saber, não conseguem utilizar de modo eficaz o voltar-se para si próprias. As consequências dessa insuficiência são graves, pois é justamente nesse tempo de incerteza que se produzem as ligações, as transformações e as hipóteses indispensáveis à instalação dos saberes fundamentais.

... Para evitar a inquietação e os sentimentos parasitas

O ponto em comum entre as crianças atingidas por esse problema é tão fácil de observar quanto de resumir. Por certo elas querem saber tanto quanto as outras, mas colocam uma condição: não ter de se confrontar com as exigências e pressões do aprendizado, quando estas as põem diante de um questionamento que exige voltarem-se para si mesmas, impondo que façam ligações entre seus mundos interior e exterior.

> Não é preciso ir muito longe para encontrar a razão desse esquivamento. É bem simples: o fato de não saber e de ter de procurar a resposta a uma pergunta reativa nessas crianças inquietações excessivas e sentimentos contraditórios que as desestabilizam.

Na origem dessas intrusões que desarranjam e perturbam o desenvolvimento do pensamento, vê-se emergirem temores arcaicos, medos infantis e preocupações quanto à identidade. Esses temores se infiltram e desorganizam o funcionamento intelectual, mas são muito difíceis de reconhecer, pois o aluno os afasta de imediato e os substitui por ideias de insuficiência e onipotência.

Esses medos e preocupações com a identidade costumam reativar uma frustração intensa que faz com que o momento de aprendizado se transforme em variados distúrbios (agitação, sono, oposição sistemática...). Esses confrontos ocupam toda a atenção dos professores e tomam um lugar tão importante em seu espírito que acabam se tornando responsáveis pela falência escolar.

Portanto, esse confronto com as pressões e obrigações inerentes ao aprendizado reativa simultaneamente inquietações *e* um forte sentimento de frustração nas crianças.

Essa parasitação, que embaraça e freia o funcionamento intelectual, constitui a base do bloqueio da capacidade de raciocinar. Perturba o desenvolvimento normal das operações intelectuais necessárias ao aprendizado. Às vezes, as desordens provocadas são até mesmo de ordem instrumental (problemas de memória, atenção, instabilidade, lentidão...) e levam erroneamente a suspeitar da existência de uma causa orgânica para as dificuldades. Ou seja, essa parasitagem encontra-se também na origem de muitos distúrbios de comportamento que emergem de modo específico na sala de aula.

Essa disfunção provoca um medo de aprender desastroso para a trajetória escolar dessas crianças, pois é o próprio móvel da aprendizagem, o recurso às capacidades reflexivas, que é vivido como perigoso, inquietante e será, em razão disso, subutilizado.

O problema que essas crianças apresentam ao pedagogo não é, portanto, simples. Ultrapassa em muito o âmbito da transmissão de conhecimento: como difundir o saber a crianças que se sentem inseguras diante do voltar-se para si mesmas, necessário à busca, à associação, à formação da imagem da palavra a ser lida ou do problema a ser resolvido?

Em suma, como pode o pedagogo se ressituar quando suas proposições não estimulam nem o interesse nem o progresso, mas, ao contrário, desencadeiam no aluno o desarranjo e a desestabilização?

Um mundo interior não muito confiável para enfrentar a pressão e a dúvida

Esses sentimentos contraditórios, essas inquietações que rapidamente se infiltram no trabalho reflexivo de certos alunos, são antes de tudo resultantes de dois pontos fracos que sempre afetam a organização psíquica das crianças impedidas de pensar: a dificuldade em produzir imagens e em enfrentar pressão.

A dificuldade em produzir imagens

A dificuldade específica em produzir imagens leva essas crianças a não conseguir dispor de representações com qualidade suficiente para alimentar o desenvolvimento do pensamento. As imagens fabricadas não são ricas, nem variadas, nem desligadas de emoções o suficiente para poderem servir de suporte para o funcionamento intelectual.

Essa deficiência constitui o entrave mais severo para o acesso aos saberes fundamentais. O sistema representativo dessas crianças, devido à falta de flexibilidade e confiabilidade, não permite contato com os pontos intermediários, as ligações e os sentidos necessários para abordar a leitura e as operações.

Essa debilidade do mundo interior atinge principalmente as crianças que, em seus primeiros anos de vida, não foram suficientemente solicitadas a expressar em palavras o que sentem, ou a evocar eventos imaginários passados ou futuros. Essa falta de estímulo precoce do ambiente, essa não iniciação à palavra e ao intercâmbio, prova a que ponto o pensamento precisa da linguagem para se estruturar...

O contato constante com maus leitores me permite afirmar que essa produção de imagens pobre e de risco é de fato responsável pela maior parte das confusões instrumentais.

Ao impedir a passagem do perceptivo ao representativo, a dificuldade em criar a imagem leva a uma ruptura entre o domínio do código e a conquista do sentido. Se essa ruptura é desastrosa para o aprendizado da leitura, é igualmente desastroso para esses alunos que não seja percebida como a causa de suas dificuldades. Ficarão eles um pouco mais fechados em seus problemas caso, ano após ano, nos obstinarmos a lhes impor um treinamento para melhorar sua competência fonológica, esquecendo que antes seria preciso ajudá-los a representar com imagens o que leem...

A resistência e a confusão instrumental diante da pressão

A resistência e a confusão diante da pressão são a mais clássica e mais bem conhecida debilidade das crianças que sofrem de bloqueio.

Como poderiam as crianças, por mais inteligentes que fossem, enfrentar a carência e a regra que fazem parte integrante do aprendizado, quando suas famílias nunca as iniciaram na prova da frustração?

Como poderiam suportar o desvio e a incerteza ligados ao trabalho de pensar, quando suas primeiras experiências educativas não as prepararam para distinguir seus desejos e para se submeter às regras mais elementares da vida?

Essas crianças rapidamente transformam as pressões da aprendizagem em frustração, que faz submergir como uma onda gigante o funcionamento intelectual. Assim, o confronto com a solidão e a carência, exigência inerente ao aprendizado, transforma-se para as mais frágeis dessas crianças em ideias de abandono, insuficiência ou perseguição, envenenando a relação pedagógica.

Alguns anos depois, essa dificuldade em suportar as pressões do aprendizado encontra-se em crescimento constante, qualquer que seja o ambiente cultural da criança.

Seria verdade que os pais, ainda que com boa instrução e informados quanto aos problemas educativos, têm mais dificuldade que antes para impor a seus filhos o respeito às regras e à disciplina?

Incontestavelmente. As estatísticas dos centros médico-psicopedagógicos são bem explícitas quanto a essa questão: a iniciação insuficiente à frustração, causadora da dificuldade em aprender, está em nítido crescimento. Há cerca de dez anos esse fenômeno se verifica em todos os meios, até mesmo nos mais favorecidos do ponto de vista cultural.

☞ Não se trata, no entanto, de uma opinião preconcebida nem da valorização da liberdade e da criatividade. As razões invocadas pelos pais para explicar sua falta de firmeza têm mais a ver com as condições de vida que eles impõem aos filhos: o mundo atual é difícil e constitui fonte de muitas inquietações; a cada duas famílias, uma é desunida; os estudos já não asseguram o futuro... Tudo isso encoraja os pais a superproteger os filhos em face dos sofrimentos normais da vida.

Além disso, nas famílias em que os pais são separados, a autoridade é diluída. A repartição dos papéis não é funcional, principalmente quando se trata de fazer respeitar a lei e aplicar a disciplina. As crianças se aproveitam disso para escapar às malhas da rede...

2 EVITAR O PENSAMENTO A FIM DE ESCAPAR DA DÚVIDA

Como esse mecanismo enfraquece os quatro pilares da aprendizagem

Quando os dois pontos fracos, o da dificuldade de produzir imagens e o de suportar a frustração, coexistem na mesma criança, seus efeitos não se somam, antes se multiplicam reforçando um ao outro. E acabam por formar esses "intocáveis" que os professores de colégio conhecem tão bem.

Os intocáveis são as crianças que desenvolveram estratégias para evitar o pensamento. Seu problema é ainda mais complexo devido a terem conseguido encontrar equilíbrio em uma organização psíquica e intelectual em que a dúvida já não tem lugar. Por certo que assim se protegem do desarranjo que a reflexão nelas provoca, mas pagam um alto preço devido a não mais conseguirem de modo algum aprender.

Os meios adotados para encontrar esse equilíbrio precário perturbam e enfraquecem os quatro pilares da aprendizagem. A curiosidade, as estratégias cognitivas, o comportamento e a linguagem tornam-se de utilização limitada.

A curiosidade

A curiosidade, devorada pelas preocupações primárias e pessoais, já não permite acesso à lei geral. De onde venho? Como fui criado? Será que me amam? Como me tornar o mais forte? O mais rico? Como fazer para não sofrer? Como não conhecer a carência? etc. Um dos sinais mais visíveis da coibição do ato de pensar é justamente essa manutenção, ou reativação, da curiosidade primária e infantil; o desejo de saber já não se desprende de questões em que se entrelaçam o pessoal e o sexual.

Essas preocupações, que rapidamente ganham demasiado destaque e dominam todo o interesse, constituem um freio considerável para entrar em contato com o simbólico.

Restrita, aliás, a uma dimensão primária, a curiosidade já não permite a passagem do interesse particular a uma visão mais geral, mais social do saber, indispensável para acessar a regra. Ela barra o movimento de descentração e prolonga o egocentrismo.

Como as preocupações pessoais bloqueiam o acesso ao saber?

Às vezes, a infiltração de preocupações pessoais é invasiva, a ponto de criar uma parasitagem que vai além do pensamento, a fim de ligar-se aos objetos do saber em si mesmos. Certos alunos chegam a projetar sua própria vivência no cerne de uma simples regra de gramática, sem deixar espaço algum ao pensamento objetivo. É o que acontece com Júlio, de dez anos. Quando lhe peço que passe uma série de frases do singular ao plural, fazendo o verbo concordar com o sujeito, desvia-se da reflexão e comenta: "Que imbecil o verbo obedecer ao sujeito!".

Ele associa minha pergunta a uma exigência tirânica, a uma relação de força, a um interesse em diminuí-lo, o que não lhe permite encontrar a relação positiva necessária à transmissão.

Esse exercício, que o coloca em dificuldade, lhe desperta ideias de perseguição; ele carrega os elos gramaticais de projeções pessoais, o que o deturpa e o impede de alcançar o domínio da regra.[1]

Se essa curiosidade pelo mundo não chega a se desligar das preocupações pessoais para ir em direção à regra e à lei, se não chega a se sublimar para acessar um conhecimento mais rigoroso e mais universal, é em razão de ser sempre ativada pelas forças mais infantis do desejo de saber, isto é, pelo sadismo, o voyeurismo e a megalomania.

Não é por acaso que as crianças com mais dificuldade em nossas escolas sejam também os melhores clientes dos fabricantes de jogos de vídeo, dos folhetins violentos, das mensagens publicitárias ou de programas de telerrealidade. Essas imagens adulam e encorajam os interesses primários, contribuindo para tornar desinteressantes, e até mesmo desqualificar, as proposições da escola aos olhos desses alunos, que comentam a esse respeito: "Não tem nada a ver, não serve para nada, é uma droga, um lixo...".

1 Ver: BOIMARE, Serge. *A criança e o medo de aprender*. São Paulo: Paulinas, 2007.

No entanto, como veremos, é indispensável poder se apoiar nas forças da curiosidade para acionar o funcionamento intelectual.

As estratégias para aprender

Empobrecidas pela fobia à dúvida, as estratégias para aprender se afastam da pesquisa. Quando a reflexão se torna sinônimo de desestabilização, quando o voltar-se para o mundo interior produz principalmente parasitagem e desarranjo, as crianças procuram a todo custo evitar o tempo de construção e de pesquisa que acompanha a aprendizagem. Denomino "tempo de suspensão" esse momento crucial reservado à dúvida que antecede o encontro da resposta.

Pode-se definir de modo mais preciso o tempo de suspensão?

O tempo de suspensão é no meu entender o tempo-chave da aprendizagem. É o tempo reservado à pesquisa, à construção, à transformação, à formulação de hipóteses... Essa passagem obrigatória para o aprendizado permite que as crianças respondam às perguntas apresentadas, escolham a operação a ser feita, descubram o sentido da palavra que estão decifrando, encontrem o verbo na frase... Esse tempo de suspensão pode durar um segundo no aprendizado da leitura, quando é preciso associar duas letras, ou alguns minutos, quando se trata de encadear duas operações para a solução de um problema, ou de descobrir o sentido de um texto.

Trata-se, portanto, de um momento singular, de uma espécie de espaço intermediário em que as crianças ainda ☞

não sabem, mas que vão talvez saber, desde que mantenham a ação que leva a esse resultado. É justamente nesse momento que as inquietações e ideias de frustração podem pegar fogo, pois as competências psíquicas e a capacidade imaginativa são especialmente solicitadas.

Nos adolescentes há muito tempo em falência às vezes já se desenvolveu uma verdadeira fobia ao tempo de suspensão, o que os leva a aprimorar todo um arsenal de estratégias a fim de nele não ingressar.

Para reencontrar o equilíbrio em face da dúvida desestabilizante, há dois caminhos possíveis: o conformismo de pensamento ou a associação imediata. Esses dois caminhos fazem com que o funcionamento intelectual se fixe de modo duradouro no bloqueio de raciocínio.

O *conformismo de pensamento* é a escolha dos alunos que se protegem por meio da recusa em abandonar os caminhos conhecidos. Esses alunos enfrentam apenas os exercícios que já dominam, se possível cuidando da forma e da apresentação. A imitação, a repetição, o pensamento padronizado são sempre privilegiados em detrimento da pesquisa, como veremos no caso de Corina (cf. capítulo 3).

Essa limitação do funcionamento intelectual não permite a interrogação nem o questionamento. Além disso, empobrece o saber e contribui para torná-lo tedioso. Nos casos mais graves chega-se ao abandono do pensar: essa forma de inibição intelectual evoca com frequência a debilidade, principalmente quando vem acompanhada de curiosidade diminuída. Certas crianças em falência escolar são assim consideradas débeis, quando se inserem num quadro de bloqueio da capacidade de raciocinar.

Os campeões da associação imediata também se encontram entre os alunos em falência escolar, que têm a resposta antes de ser feita a pergunta. Esse mecanismo é particularmente perigoso no momento de aprender a ler, processo em que é indispensável a formulação de hipóteses. O tempo de pesquisa, de tateamento, de tentativas e erros não tem lugar entre essas crianças, pois, com demasiada rapidez, querem passar para o âmbito do sentido. A leitura desses alunos torna-se de adivinhação, característica da qual alguns nunca se livram. Note-se que o método global agrava esse fenômeno (cf. capítulo 6).

Se a inibição intelectual favorece o evitar a dúvida, este pode igualmente ser obtido pelo desviar-se das etapas de pensamento. Em compensação, esses alunos muitas vezes desenvolvem uma inteligência rápida e uma excelente memória. A falência dos saberes de base desses alunos "vivazes" é mais difícil de explicar devido a serem capazes de aprender muito, através do ver e ouvir, sobre o mundo que os rodeia. Estima-se que um terço das crianças hipermaturas funcionam conforme esse modelo intelectual que as impede de desenvolver a reflexão.

Como pode a associação imediata produzir efeitos devastadores sobre o pensamento?

Vou ilustrar minha resposta com uma anedota. Para lutar contra as atitudes racistas que com muita frequência assinalam as relações conflituosas entre meus alunos, tive certa vez a ideia de apresentar-lhes uma poesia de Cocteau: "Dieu est nègre" (Deus é negro).

Eu acreditava ter encontrado um suporte absolutamente exemplar para suscitar um verdadeiro debate sobre o ☞

☞ assunto. Mal, porém, anunciei o título da poesia, "Deus é negro", e um de meus alunos, tão dotado quanto Laurent Ruquier para a associação imediata, foi logo dizendo em voz alta para divertir a classe: "Bem feito para ele!".

Ao desviar de um só golpe o efeito do choque pretendido com o título, ele aniquilou a esperança que eu depositava em Cocteau de me ajudar na luta contra o discurso racista, que surge com rapidez ainda maior entre aqueles que não admitem o processo reflexivo...

O comportamento

O comportamento é perturbado pelo estímulo que logo se transmite ao corpo e também por ideias de autodesvalorização e de perseguição: "Tenho fome. Estou com frio. Estou com calor. Tenho sede. Quero ir ao banheiro. Estou com cãimbra. Estou com dor nas costas, no pescoço, dor de cabeça...".

O desencadeamento de sensações corporais que acompanham a entrada em processo reflexivo é característica frequente dos alunos cujo mundo interior não é suficientemente rico, ou suficientemente seguro, para autorizar o recuo construtivo para dentro si mesmo, exigido pela aprendizagem.

O encontro com a incerteza se traduz, entre esses alunos, no envolvimento às vezes brutal e excessivo do corpo. Esse é um recurso bastante frequente para que escapem do tempo de elaboração, desviando-se dele. A agitação e a instabilidade, com suas consequências – déficits de atenção e de concentração –, por certo surgem em primeiro lugar nessa "parada de sucessos" de desarranjos observada pelos professores.

Numa sala de aula é preciso igualmente saber distinguir aqueles que adormecem ou desaparecem diante da solicitação de pesquisa. Esses alunos às vezes apresentam uma queda de tônus, uma diminuição de funções motoras e até mesmo respiratórias, que os levam a estados no limite do sono. Esse mecanismo, que aparece claramente nas assistências individuais, é às vezes difícil de distinguir em um grupo. Essa expressão da dificuldade de pensar é muitas vezes atribuída a uma limitação da inteligência ou a uma grave ausência de motivação, quando na verdade não passa de uma estratégia que a criança desenvolve para manter seu equilíbrio psíquico.

Um modo de escapar do pensamento é desenvolver ideias de autodesvalorização e de perseguição, que na verdade mascaram medos mais profundos. Bem conhecidas dos professores, principalmente daqueles que mantêm contato com adolescentes em falência escolar, essas ideias de desvalorização e de perseguição transformam o tempo de elaboração em tempo de desestabilização.

- *As ideias de autodesvalorização* primeiramente se manifestam por uma experiência de impotência: "Não posso. Não consigo. Isso não é para mim. Nunca fiz esse tipo de coisa...". Como os encorajamentos habituais e as tentativas de tranquilizar não trazem mudança alguma, logo vemos que esse anúncio de abdicação esconde inquietações mais fortes e mais antigas, despertadas pela situação de aprendizagem. Os medos de abandono, de dispersão, de vazio interior ou de insuficiência predominam e vêm inserir de modo duradouro o funcionamento intelectual no âmbito do mal-estar e do desequilíbrio.

- *As ideias de perseguição* são às vezes mais difíceis para o professor suportar, pois a fuga ao mal-estar da aprendizagem leva a que o quadro geral seja questionado: "Esse exercício não serve para nada. Esse trabalho é 'furado'. Esse professor explica mal. Esse colégio é uma droga...". Quando há bloqueio do pensamento, a retomada autoritária não resolve a dificuldade; ao contrário, assim como acontece com Kevin (cf. capítulo 3), isso reforça os sentimentos de injustiça e as defesas megalomaníacas: "Pago pelos outros. Eles têm raiva de mim. Tenho mais valor do que essa droga de trabalho. Os professores não me respeitam...".

Em todas as pessoas o trabalho de pensar vem inevitavelmente acompanhado de um questionamento. Ora, uma criança que se sente perseguida vê o surgimento da dúvida como um freio a suas ideias de onipotência, graças às quais ela se protege muitas vezes dos riscos de depressão.

A linguagem

Marcada pela rigidez e pela insegurança, a linguagem impede o pensamento de se estruturar. À insegurança desencadeada pela atividade de pensar corresponde frequentemente uma pobreza no emprego da linguagem oral. Essas duas deficiências estão ligadas e reforçam-se mutuamente: os adolescentes em falência desde o início de sua escolaridade nos dão muitas vezes uma prova veemente disso. Incapazes de relatar, de explicar e, principalmente, de argumentar, eles só se comunicam na conivência e na proximidade. Apenas o familiar, o conhecido do outro, pode ser objeto de intercâmbio.

Essa insuficiência nos mostra bem como a linguagem e o pensamento, que se estruturam e se enriquecem reciprocamente, também podem mutuamente se desestruturar e empobrecer.

Quando essa interação entre linguagem e pensamento não se dá, torna-se muito difícil que esses alunos evoquem a ausência, que se ressituem com a palavra em um outro tempo e lugar, que levem em conta a palavra do outro para se expressar e enriquecer seu ponto de vista.

Sem o suporte do pensamento, o simples fato de expressar alguma coisa sentida ou uma emoção é vivido como um risco de intrusão e até mesmo, na mente de certos meninos, de feminização. Não é raro que adolescentes tratem como "palhaços" ou "meninas" os que se expressam com desenvoltura. Na verdade, esse medo de que o domínio da palavra venha acompanhado de uma perda de virilidade os coloca principalmente diante da ameaça de ruptura do equilíbrio psíquico precário que conseguiram construir à custa de evitar pensar.

A falência escolar vem quase sempre acompanhada de pobreza e insegurança linguísticas. Pena que a escola nunca tenha verdadeiramente querido valer-se dessa observação feita por todos os professores. O aprender a falar deveria ser a prioridade das prioridades pedagógicas, do maternal ao *collège*.*

---

* O *collège*, pelo sistema escolar francês, começa depois de cinco anos de ensino elementar, e compõe-se de quatro anos de estudo. Começa, em geral, quando o aluno está com 11 anos. (N.T.)

Qual é a diferença entre o bloqueio do pensamento e o medo de aprender?

É difícil estabelecer essa diferença, pois o bloqueio do pensamento é uma das principais consequências do medo de aprender, mas também pode ser provocado por outros fatores. Eis como distingo um do outro:

- As crianças impedidas de pensar apresentam todas um ponto em comum: não dispõem de um mundo interior suficientemente confiável para alimentar e restaurar suas capacidades reflexivas.

Eis dois grandes motivos para essa má qualidade do mundo interior:

- *Um deles seria a fragilidade*, que favoreceria a parasitagem e o desarranjo das representações, especialmente diante do questionamento da aprendizagem.
- *O outro, a pobreza*, a indigência, que não lhe permitiria fornecer representações suficientemente ricas para começar e sustentar o trabalho reflexivo.

- O medo de aprender, resultado de uma reativação de medos durante o tempo de aprendizagem, insere-se, antes, na primeira categoria. É o desarranjo do funcionamento intelectual devido a essa parasitagem que se transforma em bloqueio.

É possível, no entanto, que haja simplesmente uma pobreza, uma insuficiência da dimensão interior. Por razões que muitas vezes remontam a carências das primeiras experiências educativas, as ligações, as associações necessárias à aprendizagem são freadas, ou chegam até mesmo a não existir. A tranquilização diante das pressões e exigências ☞

da aprendizagem não acontece, transformando-se em decepção.

A falta de interação linguística e a iniciação insuficiente à prova da frustração, por exemplo, não permitem um desenvolvimento normal do mundo interior. É nesse segundo grupo que vamos encontrar o maior número de crianças com bloqueio. Muitas delas vão tentar amenizar essa deficiência desenvolvendo um novo equilíbrio, psíquico e intelectual, com base no evitar pensar. É nesse ponto que a situação pode se complicar, pois essas crianças vão ter medo das aprendizagens suscetíveis de abalar essa organização.

3 O BLOQUEIO DA CAPACIDADE DE RACIOCÍNIO, POR EXEMPLO

A coibição do pensamento não é excepcional

A explicação para o fracasso escolar proposta nesta obra coloca ênfase no desarranjo do funcionamento intelectual provocado pelas pressões da aprendizagem, em vez de na falta de competências. Talvez isso permita imaginar que eu me refira principalmente aos casos mais graves, ou até mesmo às crianças mais marginais que requeiram um ensino mais especializado ou atendimento psicológico. Não se trata disso; gostaria de demonstrar como o bloqueio de pensamento atinge percentual significativo dos alunos de nossa escola.

Um entre seis alunos não consegue entrar em processo de aprendizagem, já que para isso é preciso recorrer às capacidades reflexivas. Ouso afirmar que essa impossibilidade é a única explicação plausível para o mistério diante do qual nos colocam as crianças inteligentes que ficam travadas diante dos saberes fundamentais.

Não nos deixemos enganar. O medo de aprender e a dificuldade de pensar atingem muitos alunos sem distúrbios visíveis de comportamento, alunos que aparentemente aderem a nossos projetos.

Para ilustrar o papel importante da dificuldade de raciocinar, no tocante ao fracasso escolar, eis o exemplo de cinco adolescentes que, no meu entender, são bons representantes dos jovens atingidos por esse distúrbio em nossas escolas. Eu os conheci por ocasião de um apoio psicopedagógico regular.

Eu os vi em grupo, uma vez por semana, durante dois anos, com um projeto específico: tentar levá-los a reinvestir na escolaridade ajudando-os a restabelecer a atividade de pensar. O primeiro ponto em comum desses cinco adolescentes era, com efeito, o fato de apresentarem um grave fracasso na escola. Esse fracasso os marginalizava, os impedia de aderir às proposições dos professores e não lhes permitia aspirar à obtenção do diploma. O segundo ponto em comum era o fato de a dificuldade ser muito antiga, observada desde o ingresso no curso preparatório.*

Depois de apresentar o retrato desses cinco alunos em dificuldade escolar, exporei um exemplo de sessão baseada em uma outra abordagem da pedagogia. Como veremos, essa pedagogia tem como centro um aporte cultural intensivo e regular, proporcionado pela leitura em voz alta que faço de textos fundamentais. Esses textos importantes servem para estimular o debate entre os adolescentes e despertar neles a vontade de escrever.

Djalma, o hipercinético

O primeiro desses adolescentes chama-se Djalma. Tem dezesseis anos e está no último ano do ensino médio. Sem ser violento, contesta muito do que lhe dizem. Quando fala

---

* Curso preparatório, no sistema escolar francês, é o primeiro ano da escola básica. Começa, em geral, quando o aluno está com 6 anos. (N.E.)

do colégio, é para criticá-lo. O regulamento, os horários, os controles excessivos, as observações nos boletins, os cursos tediosos, os vigilantes... Enfim, tudo.

Evoca sistematicamente uma injustiça para com ele por parte dos professores, que o deixam de lado quanto ao trabalho, mas não quanto à disciplina... A cada novo incidente marcante na vida do colégio, eles o apontam como responsável.

Digamos que, numa sala de aula, ele chama a atenção: não para no lugar. Desde o primeiro ano do ensino elementar é considerado agitado, instável, dispersivo. "Até mesmo em casa, quando faz suas lições, não consegue se concentrar por mais de alguns minutos", me diz seu pai. "Ele precisa voltar logo para a música de seu MP3 ou para as imagens da televisão." Sem ser um grande gazeteiro, Djalma perde pelo menos metade de um dia de aula a cada semana.

Durante nossos encontros, de cerca de uma hora, observo que, se ele não está interessado ou diretamente envolvido naquilo que é dito, passa de uma nádega a outra como se a cadeira lhe queimasse o traseiro. Quando precisa apresentar uma resposta por escrito, quer sempre ir ao banheiro antes de começar o trabalho. Digamos, para desculpá-lo, que sua ortografia é deplorável: além de não aplicar nenhuma regra de gramática, dá às vezes a impressão de que mal acaba de dominar a ortografia fonética, uma etapa que a maioria das crianças ultrapassa aos oito ou nove anos.

Já no primeiro encontro de nosso grupo, quando discutíamos a escolha do conjunto de leituras que iam servir de base para nosso trabalho pedagógico, ele se vangloriou – um pouco como se fosse um feito glorioso – de nunca ter lido um livro inteiro. "Nunca consegui terminar de ler nem mesmo os livros obrigatórios para os estudos." No entanto, Djalma não lê assim tão mal; é o único, aliás, a conseguir detectar a ideia principal de um texto de dez linhas depois de uma leitura silenciosa.

Logo observo que as discussões com ele sempre o fazem mergulhar na insatisfação, e até mesmo num sentimento de frustração intensa. Não chega a expressar em palavras o que gostaria de transmitir, nem a dar forma às ideias que gostaria de comunicar. Primeiro, fala depressa demais para ser bem compreendido, seu discurso é entrecortado. Além disso, tem pouco vocabulário e nunca termina suas frases. Se faço tentativas de ajudá-lo, resumindo o que acaba de dizer, fazendo perguntas para que continue, a situação piora e suas ideias se tornam confusas...

Sendo um rapaz inteligente, percebe perfeitamente sua dificuldade de comunicação. Ele se volta então contra mim, ou contra um colega com quem discute, dizendo em tom de irritação: "Deixa pra lá, deixa pra lá...", como se não fôssemos capazes de compreender coisas tão elementares.

Djalma quer ser mecânico, como seu irmão mais velho, que trabalha numa oficina da Renault. Ele, porém, vai "consertar motos". Quando lhe pergunto onde vai aprender o ofício, responde que já o conhece, que há muitos anos é ele quem conserta as motos do seu bairro. Esse interesse pela mecânica não pôde ser resgatado por seu professor de tecnologia que, segundo ele, só propõe "coisas de velho".

Surpreendentemente, em se tratando de alguém que diz não gostar de aprender, se vangloriou certa vez de saber de cor a lista de jogadores de futebol da primeira divisão. Verifico que ele sabe mesmo: além de conhecer cerca de trezentos nomes de jogadores, situando-os em seus respectivos times, mantém fichas sobre os melhores times, com o salário dos jogadores e dos técnicos. Chega até a ter uma ideia bastante precisa das somas que teriam circulado por baixo da mesa, e também de como são praticadas as retrocomissões entre os times europeus e os agentes dos jogadores... Torcedor incondicional do São Paulo, assiste com seu irmão a todos os jogos, e chega a ter um olhar muito compreensivo sobre a violência entre os torcedores que costuma ocorrer depois dos jogos.

Veremos no próximo capítulo os efeitos do trabalho proposto a Djalma no tocante à leitura e intercâmbio.

Seria verdade que maus alunos podem ter a impressão de já saber?

É de fato, para um professor, muito surpreendente e muito desestabilizante encontrar uma criança (quanto mais um adolescente) que ignore uma noção que ele está convencido de dominar; ele costuma se justificar, dizendo: "Não vou fazer isso porque já fiz, porque já conheço, porque é evidente demais, simples demais...".

O mais espantoso é que nem mesmo o fracasso em um exercício de aplicação basta para convencer a criança de sua ignorância. Vemos aí o prolongamento de uma posição infantil, em que a onipotência ilusória e a onisciência permitem evitar o confronto com a ideia de carência ou de insuficiência.

Proteger-se assim da decepção e da perturbação por meio de uma ilusão de completude é uma das principais razões do evitar pensar.

Por outro lado, seria verdade que alunos que sabem não o desejam demonstrar?

Isso acontece, e com muito mais frequência do que se supõe. Há primeiramente o caso de alunos incapazes de enfrentar a etapa da incerteza e da imperfeição: em vez de fazer experiências de tentativa e erro, preferem sacrificar o todo, inclusive o que já é dominado, a fim de não fazer face ao desconhecido. Esse mecanismo foi bem observado pelos professores que refletem sobre a utilização dinâmica que se pode fazer do erro em pedagogia.

Há também as crianças que se recusam a demonstrar o que sabem. Bem além da timidez, esses mecanismos costumam muitas vezes assinalar uma relação perturbada com o adulto: falta de confiança, necessidade de inquietar, manutenção do conflito, imagem desvalorizada...

Um exemplo particularmente ilustrativo dessa questão é o de uma criança de dez anos que, aparentemente, não sabia ler. Essa criança não chegava nem a associar duas letras para delas obter um som. Sua única atividade em classe consistia em recopiar textos. Certo dia, enquanto fazíamos a leitura de *Vinte mil léguas submarinas*, ela me enviou uma mensagem que escrevera num bilhete, sem nenhum erro de ortografia: "Fiz vinte mil léguas em meus nervos com o Capitão Nemo e com Serge Boimare".

A partir desse momento em que finalmente me comunicou alguma coisa de si mesma, tudo mudou e a situação de aprendizagem tornou-se concebível.

Corina, a conformista

Corina está no mesmo grupo que Djalma. Tem catorze anos e está no terceiro ano do ensino médio. Ao ver o interesse que temos pelas fichas de Djalma, ela chega na semana seguinte com uma pasta inteiramente dedicada a um show de calouros que acompanha na TV.

Há três anos que ela coleciona, acumula e também classifica com bastante rigor artigos de jornais consagrados a cantores aspirantes que ela sonha conhecer. Tem até, segundo nos diz, o número do telefone celular de vários deles.

Manter seus cadernos em bom estado é a única atividade em que Corina é brilhante. Na sala de aula, sai de seu torpor quando é preciso copiar um resumo ou sublinhar títulos em vermelho e em verde. Passa várias horas por semana a recopiar as aulas em casa. "Porque não tive tempo de fazer isso benfeito na escola", afirma. Depois, dispõe tudo numa pasta geral que nos mostra com orgulho. Na capa, uma foto de corpo inteiro de Jean-Paul Gaultier.

Em contrapartida, não participa de nenhum trabalho de pesquisa nem de reflexão. Seus deveres de matemática são um exemplo disso: ela para depois de copiar as questões e traçar as figuras geométricas. Quando não dorme na sala de aula, mostra-se abertamente desinteressada de tudo o que ali se faz, ocupando-se de seus assuntos pessoais.

Recentemente, ficou duas horas de castigo, depois da aula, por ter lido uma revista durante a aula de inglês. "Isso não está certo. Eu, pelo menos, não atrapalho ninguém. Não sou como outros que interrompem a aula e nem mesmo são punidos", ela se queixa. Diga-se que, num outro curso, com uma de suas amigas, o professor as autorizou a se pentearem mutuamente, desde que se instalassem no fundo da sala e não fizessem ruído.

Corina lê bem, principalmente em voz alta. Mas, se lhe peço que interprete um texto, lendo-o sozinha, sem o oralizar, ela o compreende mal. Em leitura silenciosa, não consegue extrair a ideia principal de um texto de dez linhas. Mas faz isso com perfeição, quando sou eu quem faz a leitura.

É, no entanto, ela quem tem a melhor ortografia entre os alunos do grupo. Conhece bem as regras de gramática e, o que é espantoso, nunca se engana na concordância do particípio passado. Contudo, apesar desse domínio da forma, praticamente não consegue fazer uma redação. "Quando tenho que escrever e pensar, minha cabeça fica vazia e não tenho mais nenhuma ideia", ela explica.

Se os professores a descrevem como apagada e retraída em classe, fora da sala de aula ela não se comporta assim. Sua participação na vida social é intensa. Ela conhece e acompanha todas as histórias amorosas e os conflitos que se tramam em sua classe. Para minha grande surpresa, constatei que chegou a obter de dois rapazes do grupo confidências inesperadas a respeito de suas famílias.

Em nosso trabalho psicopedagógico, abro cada sessão com uma leitura de vinte minutos que faço em voz alta. Escolho sempre um texto forte, com palavras e discurso sobre perguntas existenciais ou identitárias que costumam ser formuladas entre os adolescentes. Assim, lemos no ano passado três grandes textos mitológicos sobre a origem do mundo, vários contos de Grimm, a vida de Hércules e a epopeia de Perceval, o gaulês.

Corina é muito interessada em leitura. Ouve sempre com muita atenção; no momento da discussão que se segue, é muitas vezes ela que ajuda os colegas a compreender uma passagem sutil ou complicada. Também é ela quem muitas vezes resume e encontra a relação entre as diversas partes das histórias. Por outro lado, durante mais de seis meses, recusou com muita firmeza participar da segunda parte da aula, momento em que encorajo os alunos a dar sua opinião, a imaginar uma sequência, a debater uma ideia forte trazida pela leitura. Quando nossos propósitos ultrapassam a realidade do texto, quando ela precisa tomar partido num debate, se retrai e se recusa a responder ao que chama de "fantasias" ou "perguntas imbecis".

Com essa abordagem de aprendizado pela leitura, seguida de convite ao debate e à escrita, veremos no próximo capítulo como houve uma melhora na participação de Corina na escola.

Não teriam certos professores a tendência para encorajar o conformismo de seus alunos?

Tudo depende do que chamamos de conformismo. Há um conformismo grave, que leva o aluno à inibição das capacidades intelectuais, até mesmo à debilidade. Esse, felizmente, não é encorajado pelos professores.

Por outro lado, é preciso admitir que as crianças que se submetem facilmente às regras da escola, às vezes às custas de sua criatividade ou de sua expressão pessoal, são com muita frequência valorizadas e encorajadas pela instituição.

Kevin, o violento

Kevin, de catorze anos, também está no último ano do ensino médio. Ao contrário de Corina, nunca se faz esquecer na escola. Pouco antes do Natal, foi suspenso temporariamente devido à violência contra colegas e à grosseria para com um professor durante a aula de espanhol. Nenhuma sanção parece surtir efeito sobre ele, e a menor observação desencadeia, reativamente, um comportamento grosseiro e arrogante.

Quando o encontro pela primeira vez, ele não hesita em me dizer que os professores lhe faltam com o respeito. Ao que parece, seus pais o apoiam quanto a sua oposição. O pai assina praticamente uma notificação de ausência por semana e deu a entender ao diretor que seu filho era negligenciado e maltratado no colégio. Apesar de seus fracos resultados na escola, nem Kevin nem sua família parecem conscientes de suas dificuldades. Foram unânimes e veementes em recusar a ideia de repetição de ano ou de encaminhamento para um curso profissionalizante, duas opções dentro da lógica de seus resultados de final do ano anterior. "Quando a escola lhe der apoio, seus resultados vão melhorar", afirmou o pai. Durante as férias, o pai de Kevin chegou a tentar matriculá-lo num colégio particular, que o recusou.

Em nosso grupo, é Kevin quem lê pior. Sua leitura é ainda hesitante, tropeça em certas palavras, e é bem má sua compreensão de um enunciado simples. Sua escrita ainda não se libertou completamente da ortografia fonética, e ele não atinge o nível de um aluno de final do ensino médio, quando precisa produzir um texto. O inglês é a única matéria em que ele obtém, na parte oral, resultados honoráveis. Sua mãe, perfeitamente bilíngue, ocupa um cargo de responsabilidade no ramo da hotelaria e o apoia nessa aprendizagem.

A participação de Kevin no grupo de psicopedagogia é excelente. Não falta a nenhum de nossos encontros. A história de Hércules, que também se deixa muitas vezes arrebatar pela violência, o encantou.

Logo percebo a que ponto é indispensável ajudá-lo a se expressar. Ele fala pouco, sua linguagem é pobre, rude, mal estruturada. Emprega muitas palavras grosseiras, logo tende a sexualizar e conflitualizar tudo o que ouve. É, sem dúvida, por isso que sempre compara o intercâmbio verbal com uma relação de força: ele quer a todo custo saber quem está errado ou quem tem razão, aquilo que é verdadeiro ou falso. Levou vários meses para admitir que respostas diferentes podem ser válidas quando se emite opinião ou quando se imagina uma sequência para um texto. No começo, não compreendia que eu fizesse perguntas sem saber a resposta, e precisou de quase um ano para aceitar levar em conta o que foi dito pelos outros antes de expressar seu ponto de vista.

Depois de ter sido muito crítico em relação a Djalma e suas fichas, depois de particularmente muito zombar de Corina, Kevin acabou por nos explicar que também se interessa por um livro: *O livro dos recordes*. Embora não tenha fichas, sabe de cor uma quantidade enorme de detalhes sobre desempenhos e medidas do corpo humano.

Como veremos, o trabalho do grupo sobre a leitura do mito de Hércules e os convites para debater sobre esse assunto tornarão Kevin mais acessível à palavra do outro e melhorarão nitidamente sua relação com seus professores.

Por que o sentimento de injustiça é tão difundido entre os adolescentes em falência escolar?

É preciso ter em mente que os alunos atingidos pelo bloqueio de raciocínio têm muita dificuldade em questionar-se e sentem-se muitas vezes vítimas de injustiças. Eles não se podem apoiar na dimensão interior, primordial, para compreender e analisar suas relações com o meio. A única solução para preservar seu equilíbrio psíquico é transferir para o outro a responsabilidade daquilo que lhes acontece de mau ou decepcionante. Caso contrário, correm o risco de entrar em depressão...

Essencialmente, seu sentimento permanente de injustiça está ligado a esse fenômeno. É importante esclarecer os professores sobre esse mecanismo projetivo, para eles muito difícil de suportar: pode ser muito desestabilizante ser acusado de racismo em decorrência de uma nota baixa ou, depois de um olhar insistente, ouvir um aluno dizer que o professor lhe falta ao respeito ou quer criar confusão.

Nos casos mais graves, esses sentimentos de injustiça podem até se transformar em ideias de perseguição e atingir por contágio vários alunos. Uma resposta do grupo de professores é então indispensável. É absolutamente preciso evitar a cristalização dos sentimentos de injustiça, seja a pessoa envolvida um professor, um vigilante ou um conselheiro.

Dito isso, não fechemos os olhos tampouco e reconheçamos que o sistema escolar não é equitativo: os alunos em falência escolar sentem o peso do desprezo que certos professores não hesitam em lhes lançar permanentemente. ☞

☞ Quando percebem que a escola não lhes traz nenhuma esperança, a ideia de que estão abandonados à própria sorte, e até de que são sacrificados, encontra todas as condições para vicejar.

Júlio, o disléxico

Para continuar essa apresentação, vou falar de Júlio, de quinze anos, também no terceiro ano do ensino médio de um colégio particular. Nesse caso de adolescente em falência escolar há uma peculiaridade que merece ser destacada, ainda que não apresente nada de excepcional: seus pais são professores.

Enquanto a irmã mais velha de Júlio é excelente aluna, ele apresenta grande dificuldade desde o primeiro ano do ensino fundamental. Seu aprendizado da leitura foi muito trabalhoso. Precisou de apoio ortofônico intenso, duas vezes por semana durante toda a escolaridade primária, para chegar a uma leitura hesitante quando do ingresso no ensino médio. Depois de três de ensino médio (Júlio repetiu o primeiro ano), sua leitura melhorou nitidamente. Ele compreende perfeitamente o que lê, concorda em ler os romances impostos pelos professores. Este ano leu sozinho e com um prazer evidente *A volta ao mundo em 80 dias.**

Por outro lado, conservou uma espécie de fobia da escrita, deficiência pesada para a continuidade dos estudos. Praticamente não consegue manter cadernos, nem mesmo entregar uma lição por escrito normalmente apresentada.

* Obra do francês Júlio Verne. (N.E.)

Trata-se, antes, de um problema de grafismo: escreve tão mal que nem mesmo ele consegue ler depois. No começo da lição, suas letras são pequenas, grudadas, até mesmo imbricadas umas nas outras. A partir da segunda linha, tornam-se traços disformes e descuidados. Além disso, não respeita nenhuma regra de gramática. Nunca concorda o verbo com o sujeito e se recusa, com uma espécie de obstinação, a colocar o plural. É espantoso que, uma vez a cada duas, ele escreva foneticamente, ainda que conheça a grafia da palavra. Por causa disso, foi rotulado de disléxico, diagnóstico que remete, em princípio, a um distúrbio orgânico inegável.

Júlio tem o dom de irritar e desencorajar todo mundo que quer ajudá-lo. Sua aparência doce e cortês na verdade esconde uma contestação não dita, passiva e permanente. À sala de aula chega com frequência atrasado, arrastando os pés ostensivamente, e só pega seu material se o professor o interpelar. Demonstra claramente que nada o interessa e dá sempre a impressão de estar sendo forçado. Essa impressão desagradável o faz ser malvisto por todo mundo: sua simples presença desmobiliza o grupo. Na opinião de seus professores, ele encoraja dissimuladamente os outros à contestação.

Com os colegas, as relações não são melhores. Desde o ensino fundamental serve de bode expiatório em todas as classes que frequenta. No ano passado, foi maltratado, marginalizado no grupo e chamado de "vitimazinha". O conselheiro de educação precisou até intervir para protegê-lo. Apesar da má relação com os outros, tornou-se suspeito de estar à frente de uma rede de intercâmbio de DVDs pornográficos e foi suspenso da escola por três dias.

Também os pais estão fartos de tudo isso. As relações com o filho são sempre difíceis. Ele é incontrolável e os pais não têm nenhuma influência sobre Júlio. Quando o ajudam a fazer seu trabalho, isso sempre termina em conflito, e, para limitar os problemas em casa, decidem multiplicar as aulas particulares. Mas como ele só copia uma parte das lições no caderno, como esquece os livros no colégio, quando deveria tê-los em casa, como corre para a televisão ou para o computador quando não é vigiado, ele desencoraja todo mundo.

Além disso, tudo o que ele empreende no tocante à escola, tanto em matemática como em línguas, é marcado por desorganização, confusão, dispersão. Faz isso de um tal modo que, quando alguém quer ajudá-lo a entender uma regra de gramática, por exemplo, em poucos minutos já não sabe como abordar o problema. Júlio faz perguntas deslocadas, não ouve quando falam com ele, comete erros inesperados e acaba por perder o interesse pelo exercício.

Pude muitas vezes verificar a que ponto sua desorganização era contagiosa, não apenas no tocante aos colegas, como haviam observado seus professores, mas também a mim. Em numerosas ocasiões, fui forçado a interromper bruscamente uma explicação que queria lhe dar porque já não via como resolver a situação a não ser lhe mostrando sua capacidade de confundir.

No entanto, ele até que se expressa bem, seu vocabulário é mais rico que de seus colegas. Sabe muitas coisas e é até bastante culto. Por outro lado, não é capaz de argumentar para defender seu ponto de vista. Quando há alguma discordância, contenta-se em dizer ao interlocutor: "Você tem razão, tem razão!". Ou então: "É isso mesmo, meu caro!", o que é muito irritante para os colegas, que ficam com a impressão de estarem sendo desprezados e de não saberem como agir em relação a ele. Eles se tornam agressivos com Júlio, tanto que precisei várias vezes protegê-lo de golpes que Kevin lhe teria dado com gosto.

Júlio é apaixonado por mangás. É espantoso que, quando uma história lhe agrada, ele a aprende de cor... A cada semana, seu grande orgulho é chegar com um novo mangá e pegar a mim e a seus colegas como testemunhas. Ele nos mostra o livro e recita os textos, os diálogos e descreve o encadeamento de imagens sem nunca se enganar.

Apesar de ter essa memória espantosa, nunca a utiliza na escola. Quando integra o grupo, o futuro escolar desse rapaz inteligente inquieta todo mundo e ninguém imagina que ele venha a obter diploma de ensino médio. Contudo, depois de um ano de alimentação cultural por leitura, intercâmbios orais com seus quatro colegas e produção de textos escritos sobre as temáticas abordadas, os resultados de Júlio no colégio vão melhorar, assim como seu relacionamento com os outros.

A falta de autoestima é em muitos casos a principal justificativa para o fracasso escolar. Seria essa uma razão suficiente?

A falta de autoestima é antes de tudo uma razão importante e visível, e por isso é frequentemente invocada para explicar o fracasso escolar. O raciocínio é o seguinte: a pessoa que não tem autoconfiança enfrenta situações difíceis com uma deficiência. Decepcionantes, seus resultados contribuem para enfraquecer a autoestima insuficiente.

Esse raciocínio é perfeitamente lógico, mas, como sempre, desconfiemos das explicações demasiado simples. A falta ostensiva de autoestima é muitas vezes uma fuga, uma

☞ tentativa de evitar o mal-estar provocado pela aprendizagem, principalmente quando esse mal-estar se desencadeia no tempo de suspensão reservado à reflexão e à dúvida. Serve, portanto, para mascarar outras razões mais profundas: inquietações, medos, desestabilização identitária etc., sobre as quais não terão nenhum meio de agir as pedagogias que apostam unicamente em encorajamentos e repetidas situações de êxito.

Olívia, superdotada mas impedida de pensar

Terminarei a apresentação dos jovens que compõem esse grupo falando de Olívia, superdotada com um coeficiente intelectual avaliado em 140.

Quando a encontrei pela primeira vez, tinha catorze anos e estava no ensino fundamental. Seria a classe normal para sua idade, mas Olívia já tinha repetido de ano duas vezes. Para resumir seu percurso escolar absolutamente atípico, digamos que ela já sabia ler correntemente aos cinco anos. Havia, portanto, ingressado na escola com um ano de antecedência. Naquele ano, no Natal, o conselho dos professores de sua escola decidiu passá-la para a série seguinte, considerando que ela se entediava muito e estava bem acima do nível dos outros, tanto em conhecimentos adquiridos como em focos de interesse. Assim, em poucos meses, Olívia se encontrava adiantada dois anos em relação a sua idade.

O progresso no domínio dos saberes fundamentais nunca lhe colocara verdadeiros problemas. Com sete anos, conseguia ler sozinha livros da condessa de Ségur. Aprendeu ortografia com bastante facilidade e logo já conhecia todas as regras de gramática. Em matemática, parecia ter espontaneamente o senso das operações e conseguia resolver com rapidez todos os problemas apresentados em aula.

Contudo, verificou-se uma dificuldade real que foi se tornando cada vez mais incômoda: quando a professora se dirigia ao grupo, dando explicações para a classe toda, ela não a ouvia. Ou se remexia, se agitava, reclamava visivelmente uma atenção particular, ou devaneava e se retraía. Muitas informações assim lhe escapavam e as dificuldades começaram a surgir. Seus resultados já não eram tão bons, ela cometia erros inesperados e difíceis de explicar, não mantinha mais seus cadernos com o mesmo cuidado e seu comportamento piorava. Nessa altura, comunicou aos pais que não queria mais ir à escola, onde se entediava.

Para piorar tudo, o relacionamento com os amigos se deteriorava. No início do ensino fundamental Olívia até conseguira se integrar ao grupo, apesar de seus dois anos de adiantamento, mas nos últimos anos já não havia mais a mesma harmonia. Choramingas, ela se fazia tratar como um bebê. Chorava muito, tinha crises e se punha em cólera quando encontrava alguma dificuldade, tanto na sala de aula como durante as recreações.

O mais surpreendente para uma criança com suas possibilidades intelectuais é que ela não suportava se ver diante de uma pergunta cuja resposta ainda não conhecia. Em vez de procurar saber, logo declarava que não sabia, ou dava uma resposta precipitada, sem justificativa nem demonstração. Seu bom senso e sua inteligência muitas vezes lhe asseguravam uma boa resposta, mas acontecia também de ela cometer erros não admissíveis, o que a deixava bastante vexada.

As dificuldades mais sérias começaram a aparecer em matemática, até que um dia decidiu não mais resolver os problemas. Nada a fazia mudar de ideia. Tornou-se cada vez mais difícil avaliar seu nível, e a certa altura a professora declarou já não saber em que ponto ela estava em termos de conhecimentos e domínio das operações.

Olivia passou para o primeiro ano do ensino médio, apesar dessas incertezas. Depois de algumas semanas a degradação se acelerou, visível primeiramente no âmbito do comportamento. Tinha crise de nervos quando tinha de responder a questionários escritos e ia parar na enfermaria. Do trabalho de casa, também problemático, entregava só uma parte.

Por outro lado, apaixonou-se literalmente pela mitologia grega, abordada simultaneamente pelos professores de história e de literatura. Passava horas a fazer quadros genealógicos que remontavam até as origens do mundo. Aprendeu de cor o significado e a tradução dos nomes gregos, lançando-se espontaneamente a pesquisas para encontrar raízes gregas em palavras francesas...

Ao longo desse período, realizou um desenho animado de sua heroína preferida, Perséfone, tirada de sua mãe Deméter por Hades, o deus do inferno. Seu desenho animado foi visto por todo o colégio. Além de afixado na sala de aula, circulou por outras classes da mesma série em fotocópias. Essa valorização não teria, porém, continuidade, pois, quando o professor de história avançou no programa, Olivia já não aderiu e continuou fazendo pesquisas no dicionário de mitologia grega que seus pais lhe haviam comprado.

Esse desequilíbrio concretizou definitivamente seu isolamento. A partir desse período, deixou de participar das atividades da classe, adoecia com frequência e já não gostava dos professores. Afora alguns breves momentos, em ciências e em redação, em que demonstrava a todos sua capacidade, os resultados do conjunto eram catastróficos. O conselho de classe decretou então, de modo unânime e de pleno acordo com os pais, a repetição de ano por falta de maturidade. Olívia tinha então dez anos.

No ano seguinte seus resultados não foram melhores e ela não avançou na adesão ao projeto da classe. Sua mãe, militante de uma associação de pais de filhos intelectualmente precoces, recusou a ajuda psicológica recomendada para a filha. "Todos os comportamentos de Olívia são explicáveis pelo desequilíbrio entre sua capacidade intelectual e as proposições que lhe são feitas na escola", a mãe afirmou aos professores. O sofrimento pessoal dessa menina, apesar de evidente, nunca seria verdadeiramente reconhecido por seus pais.

Seriam necessários mais dois anos e uma outra repetição, a da série seguinte, para que um apoio psicológico fosse considerado. Olívia estava então num colégio particular que propunha uma classe especializada para superdotados. Foi quando a conheci. Quando da primeira consulta com a família, combinamos conduzir paralelamente uma ajuda psicoterápica e outra pedagógica.

Já na primeira verificação não tive dificuldade em observar o surgimento de desarranjos, assinalados principalmente por ideias de abandono que a submergiam no momento em que ela precisava se apoiar sobre as capacidades reflexivas. Apesar da vivacidade de espírito, apesar da extensão de seus conhecimentos, ela não conseguia refletir. O confronto com a dúvida a perturbava e lhe dava muito medo. "Se não sei o que me perguntam, parece que não existo mais. Quando não sei resolver um problema, tenho a impressão de cortar o fio da minha vida. É como se todo mundo me deixasse cair...", ela explicou sobre sua condição, com um misto de maturidade e lucidez.

Ao longo do nosso trabalho acerca da leitura e do intercâmbio, Olívia abandonaria um pouco seu orgulho excessivo.

Será que todas as crianças que apresentam dificuldades de aprendizagem foram impedidas de pensar? Não haveria também aquelas em falência escolar devido à insuficiência de recursos intelectuais?

As crianças que apresentam dificuldades de aprendizagem são numerosas dentro da nossa escola. Por certo é preciso estabelecer diferenças entre eles. Para compreender isso, o mais simples é recorrer às observações provenientes da prática pedagógica.

Lembremos que as proposições habituais de ajuda e apoio aos alunos em dificuldade consistem antes de tudo em treiná-los mais, em fortalecer suas referências de base, em oferecer-lhes uma metodologia e fazê-los confiar. Esse procedimento é absolutamente lógico e desejável num primeiro momento. Nesse contexto, vê-se nitidamente desenhar dois grupos de alunos que reagem de modo muito diverso diante desse acompanhamento reforçado.

Os do primeiro grupo, aproximadamente um aluno em dificuldade entre três, tiram proveito dessa ajuda. Graças aos novos pontos de apoio e ao suporte personalizado, há progresso, a confiança retorna e os resultados melhoram. Os melhores, aliás, vão poder integrar o pelotão dos que seguem o programa em velocidade normal, já os outros continuarão a avançar num ritmo talvez mais lento, mas sempre caracterizado pelo progresso.

Aceito, portanto, que invoquemos, nesse caso preciso, um limite passageiro ou definitivo para as competências intelectuais ou instrumentais a serem aprendidas.

O que é prejudicial é o imperialismo de alguns que, a pretexto dos bons resultados obtidos com esse primeiro grupo, querem fazer crer aos professores que lhes basta dominar melhor esses métodos para estender esse modelo a todos de um modo geral.

Nesse ponto reside, na minha opinião, o maior equívoco da pedagogia: apesar desse suporte, a maioria dos alunos em dificuldade não quer mais métodos para aprender a aprender o que antes eles já não queriam aprender... Falamos de uma faixa etária que coloca um problema espinhoso a seus professores: a situação favorável criada pela ajuda personalizada não produz efeito algum sobre dois terços dos alunos em falência escolar... Essas crianças renovam, e muitas vezes chegam a intensificar, seus comportamentos e suas estratégias a fim de não enfrentar a aprendizagem.

É aí que é preciso abrir os olhos para compreender e admitir que a dificuldade em aprender obedece também a uma lógica diversa daquela da falta de bases ou da insuficiência de treino.

Atrás dessas lacunas que nos cegam, não existiria um bloqueio de pensamento? Não estaríamos diante de crianças que não conseguem valer-se da capacidade reflexiva?

Diante de bloqueios e obstinações, é imperativo colocar essas perguntas. Se a resposta for positiva, torna-se urgente mudar nossas proposições pedagógicas a fim de orientá-las para uma restauração da capacidade de pensar. A recusa a essa opção significaria corroborar e contribuir para a fábrica de irredutibilidades da aprendizagem...

Que lição tirar desses exemplos?

Uma explicação muito superficial para o fracasso escolar

Por que certos jovens, vivos e despertos, abertos ao mundo ao seu redor, se bloqueiam diante de saberes absolutamente a seu alcance? Como explicar essas dificuldades graves para ler, escrever, falar, que levam Djalma, Corina, Kevin e Júlio chegarem ao fim do ensino médio com um grau de domínio dos saberes fundamentais que não ultrapassa os das séries iniciais do ensino fundamental? Como explicar o comportamento de Olívia que, não mais lhe permitindo confrontar-se com a aprendizagem, provocou uma ruptura severa em sua escolaridade a partir dos dois últimos anos do ensino fundamental?

A explicação dada para suas deficiências foi a mesma a partir do início do ensino fundamental. Primeiramente, suas dificuldades para aprender foram justificadas pela insuficiência de competências instrumentais: falta de atenção, de concentração, de memória, de domínio do gesto gráfico, de parâmetros no tempo e no espaço, e até mesmo fraqueza das capacidades de discriminação visual e auditiva (observadas em Júlia e Kevin).

À medida que eles avançavam na escolaridade, seus professores acrescentaram mais uma a essas explicações: a falta de *base*, isto é, dos saberes mínimos que um aluno deve dominar ao entrar na sala de aula a fim de tentar cumprir o programa de determinado ano. De ano a ano, essa falta de base foi se agravando e se tornou evidente, sendo precisamente quantificada por avaliações quando do ingresso no ensino médio.

Ao lado dessa insuficiência de competências e de aquisições, verificou-se nesses cinco alunos uma falta de motivação e de gosto pelo esforço intelectual. Seus problemas de comportamento (absenteísmo, agitação, oposição, violência, apatia, particularmente atuantes nesses jovens) seriam consequência desse desinteresse pelo estudo, agravado ao longo do tempo pela pobreza dos resultados obtidos. Essa disparidade diante do ideal de êxito escolar teria desencadeado decepção, queixas e perda de autoestima. Esses sentimentos negativos teriam vindo acentuar suas perturbações na sala de aula, reduzindo os efeitos dos esforços tentados para melhorar suas competências.

E se essa explicação não estiver correta?

E se essa insuficiência, que há anos tentamos fazê-los superar, não fosse senão a consequência do bloqueio de raciocínio? E se esse desarranjo dos instrumentos necessários ao aprendizado apenas fosse provocado por uma reativação de inquietações e mal-estares diante do exercício da reflexão?

É importante poder responder a essas perguntas, pois as proposições de ajuda não serão as mesmas conforme privilegiemos uma ou outra dessas duas hipóteses.

Por que o fracasso desses alunos teria sido atribuído a limites instrumentais, quando a observação desses jovens demonstra que eles fazem tudo para frear, limitar, impedir as operações mentais que requerem um voltar-se a si mesmo?

As proposições feitas para ajudá-los devem levar em conta o fato de que eles se esquivam, se opõem, ou não estão mais presentes a partir do momento em que precisam associar, imaginar ou formular hipóteses.

Não nos deixemos cegar pelas disfunções e lacunas; o fato é que esses jovens foram, ao longo dos anos, bem-sucedidos em rearranjar um modo de ser e de aprender para evitar o tempo de suspensão necessário à elaboração intelectual... Eles literalmente reestruturaram seu mundo interno, desenvolvendo diversas estratégias antiaprendizagem.

As estratégias antiaprendizagem

Dormir

Corina compreende mal o que lê. Desorienta-se diante de um problema simples de geometria. Tem sido sempre assim desde as primeiras aprendizagens. Seus professores, seus pais e ela mesma têm a impressão de haver um limite relacionado à fraqueza de sua inteligência. No entanto, por trás desse conformismo que a leva a querer fazer e refazer o que já domina, não teria ela sacrificado seu pensamento?

Por que ela diz que as questões que a levam a ser criativa e a inventar são "fantasias" ou "perguntas imbecis"? O que ela teme tanto no esforço intelectual a ponto de ficar bloqueada antes mesmo de começar? Por que essa paralisia nas engrenagens do pensamento nunca foi evocada para explicar a pobreza de seus resultados? Será que não podemos propor a

Corina uma pedagogia que ambicione reativar sua capacidade de se exprimir, de criar, de ousar imaginar?

Mexer-se e fazer ruído

O que causa medo em Djalma ao usar o pensamento é algo bem visível: a confusão se apodera dele a partir do momento em que é confrontado com a dúvida. Até mesmo quando precisa procurar argumentos para se explicar ou defender uma ideia, uma emoção demasiado forte o faz submergir. Esse fenômeno não é novo: desde suas dificuldades em aprender a ler, no começo do ensino fundamental, Djalma não consegue limitar essa parasitagem. A partir do momento em que quer se apoiar em seu mundo interior, ressurgem-lhe ideias de insuficiência e de dispersão, incompatíveis com a reflexão.

Para se defender dessas ideias, ele se mexe, quer que haja ruído ou imagem, prefere dizer que já sabe. Esse comportamento evoca sob todos os aspectos um abandono do pensamento.

Agora é fácil imaginar porque os exercícios que buscam reforçar seus parâmetros no espaço para que ele visualize melhor os sons, ou que visem lhe proporcionar mais método para aprender, sempre se transformaram em braço de ferro.

Por que nunca se pensou que a cultura pudesse oferecer a Djalma outros meios para lutar contra essa fraqueza interna? Não seria possível fornecer-lhe, com a ajuda da literatura e da história, imagens capazes de sustentá-lo nessa luta interna contra suas ideias de vazio e de dispersão, que se apoderam dele rapidamente e tornam impossível a construção intelectual?

A instabilidade, que todos os professores dizem estar aumentando, não seria devida mais a problemas neurológicos do que a psicológicos?

Há alguns anos, numerosos pesquisadores empreenderam o caminho de demonstrar as causas orgânicas da instabilidade psicomotora. A eficácia de um medicamento que regula o comportamento e reduz a impulsividade de certas crianças agitadas tenderia a provar isso. Essa pesquisa por certo ultrapassa o campo das minhas competências e não posso tomar partido nesse debate.

Há, porém, algo de que estou certo: quando estão em dificuldade, as crianças instáveis não dispõem de capacidade imaginária suficiente para poder nela encontrar apaziguamento.

Como efetivamente enfrentar a solidão, o tédio e o questionamento que fazem parte do aprendizado, caso não se disponha desse recurso interior que permite o apaziguamento ao deslocar, sublimar, sonhar, recalcar? Se a inquietação normal em situação de aprendizagem não encontra saída, ela mantém a excitação e se traduz em instabilidade.

Com o propósito de responder a essa pergunta, vamos verificar em que medida há demanda por histórias entre as crianças que se agitam muito.

Criar uma carapaça de certezas

Os mecanismos antipensamento são ainda bem mais visíveis em Kevin: para aprender, ele não consegue dispensar a evidência. Assim como muitos adolescentes violentos, ele recusa em bloco aquilo que não se dá de imediato.

Ver e ouvir são para ele os únicos meios de acessar o saber. O desvio e a espera o levam a ideias de fraqueza e carência que, de tão insuportáveis, ele precisa evitar a todo custo. Isso o faz dizer, com frequência, no tocante ao trabalho de escola: "Coisa de palhaço, coisa de menina". Essa mesma razão o leva às vezes à ruptura brutal, a fim de escapar dessa pressão insuportável, despertada pelo fato de não saber.

Quando brigou na aula de espanhol, estava fazendo um exercício de gramática em que encontrava dificuldade. Uma palavra bastou, talvez até mesmo um olhar, para transformar essa tensão em um murro. O trabalho repetitivo em torno das carências, imposto desde o início de sua escolaridade por constantes reforços escolares, certamente contribuiu para fixar seu comportamento. Prova disso é que a abordagem pedagógica pela repetição, a única muitas vezes proposta aos alunos, não o ajudou... Ao contrário, Kevin passou por todos esses anos de escola sem que nenhuma brecha tenha se aberto em sua carapaça antipensamento.

Contudo, esse rapaz se interessa muito pelos contos e textos mitológicos que leio para o grupo. Assim como os mais novos, ele precisa encontrar na história a possibilidade de se apegar a um herói. A partir de então, sua adesão é total. Ele fala, desenha, chega até a concordar em escrever textos pessoais, apesar de suas fraquezas em ortografia. Uma pergunta lancinante ressurge em suas preocupações: "Como é possível dominar muito bem determinada coisa e ter fraquezas em outra?", "Como é possível aliar força à sabedoria?".

As respostas trazidas por Hércules e Perceval o encantam. Sem dúvida, o fazem pela primeira vez tomar consciência de que a força, a velocidade e o poder, exaltados no fascinante *O livro dos recordes*, não lhe serão suficientes para resolver os problemas que ele enfrenta.

Recusar a regra

A oposição de Júlio é visível e evidente a ponto de se tornar a explicação número um de suas dificuldades de aprendizagem. Durante anos, porém, falou-se a seu respeito antes em limites de competência. Desde o início do ensino fundamental observou-se uma insuficiência para visualizar e discriminar sons. Chegou-se até a evocar dislexia. Uma reeducação ortofônica de cinco anos foi então empreendida a partir dessas bases, com o objetivo de reduzir a dificuldade instrumental.

Como visto, essa reeducação produziu em Júlio resultados muito limitados. Deu-se o aprendizado da leitura, por certo, mas a que preço! Veio acompanhado de uma contestação radical da autoridade de quem o transmitiu, e de uma aversão pelo saber proposto na escola.

É lamentável que ninguém tenha levado em conta anteriormente a força dessa oposição. Seus pais, assim como seus professores, sempre desejaram contorná-la. Sempre pensaram que essa oposição cederia diante da repetição e da educação suplementar, mas deu-se o contrário disso.

Contudo, o desejo de saber era real em Júlio. Suas competências para aprender eram normais, o que ele provou ao aprender de cor as histórias dos mangás. Mas seu desejo de saber nunca foi verdadeiramente retomado, explorado, nem mesmo, talvez, compreendido pela escola.

Quando em nossos encontros abordamos textos comparativos sobre a criação do mundo, segundo as mitologias grega, egípcia, nórdica, ele participa, dá opinião, não hesita em ler em voz alta alguma passagem. Observo a que ponto a luta pelo poder, os conflitos entre gerações, o enfrentamento entre as forças do bem e do mal, a descrição do caos, temas que estão sempre na base desses relatos cosmogônicos, o instigam e o encantam. Quando se trata desses assuntos, é ele quem mais questiona e provoca o debate contraditório entre os colegas.

Depois de alguns meses de participação, Júlio saiu de seu isolamento, passou a demonstrar um pouco de humor no tocante a seu comportamento e, por fim, aceitou retrabalhar a forma de seus escritos. Com o suporte da cultura, ele talvez tenha encontrado a possibilidade de colocar palavras sobre essa agressividade que o paralisava e o impedia de colaborar com os professores.

Associar depressa para não refletir

Olívia fechou-se em sua torre de marfim. Para não enfrentar os exercícios medíocres em que ela não era propriamente a melhor, preferiu fazer nada e não ir ao colégio. As palavras da família a confortam na seguinte ideia: "Ela entende depressa, e as explicações dadas aos outros a aborrecem. É por isso que fica agitada". Ou então: "Ela se faz perguntas profundas demais para sua idade, e é isso que atrapalha sua relação com os colegas e a impede de se interessar pelos saberes de base".

Eis de novo, porém, uma explicação simples demais. A causa de suas dificuldades aparentemente difere da de seus colegas do grupo, mas no fundo é a mesma. Também nela as competências entram como justificativa do fracasso escolar. Apenas se passou da carência para o excesso. Essa supercompetência é responsável por todos os males: desmotiva, provoca distúrbios de comportamento, leva a perguntas demasiado distantes das aquisições escolares de base e faz com que não haja mais um bom entendimento com os outros.

Busca-se reduzir os sinais do mal-estar de Olívia à simples consequência de sua hiperatividade intelectual. E se o processo fosse invertido? E se seu orgulho doentio e suas perguntas sobre a morte, que a obsedam, tivessem desencadeado sua necessidade de saber e sua rapidez intelectual para que ela se defendesse das angústias que a atormentam?

Olívia não chega a se colocar em situação de construir e refletir. Como vimos, ela logo vê surgirem ideias de solidão e de abandono nesse tempo de suspensão. Diferentemente de seus colegas, não hesita em falar disso. Chega até a colocar sua inquietação em palavras, mas, assim como eles, faz de tudo para evitar os exercícios propostos pela escola, para os quais é preciso pesquisar e formular hipóteses.

No ponto em que outros param ou freiam a máquina de pensar, ela se defende fazendo-a trabalhar mais depressa. Ela dá preferência às associações imediatas, armazena muitas informações na memória, fecha-se nos assuntos de sua escolha. Entre as crianças marcadas pela precocidade ou pela hipermaturidade intelectual, uma entre três funciona desse jeito.

Durante as primeiras semanas do primeiro ano do ensino médio, a cultura foi por certo de grande ajuda para Olívia. Permitiu-lhe retornar às grandes perguntas que ela sempre teve em mente: "Onde estamos antes de nascer?", "Em que nos transformamos depois da morte?", "Será que continuarão a me amar, se eu for apenas mais uma entre os outros?", "Será que vou desaparecer como indivíduo, se me integrar no grupo?".

A história de Perséfone, raptada da mãe por seu tio, talvez lhe tenha permitido trabalhar seus fantasmas de abandono. Com efeito, essa alimentação de cultura é capaz de dar uma forma às angústias e enriquecer o mundo interior. Faz parte, portanto, do papel da escola. Nesse ponto estamos bem no núcleo da ação pedagógica: transmitir e alimentar a fim de mobilizar os mecanismos que permitem abordar as regras mais rigorosas. Olívia não é a única a precisar disso para lançar-se na atividade de pensar...

Essa pedagogia baseada na mediação da cultura funciona muito bem em crianças com falência escolar, mas é também com frequência o melhor modo de abordar os saberes escolares com os "superdotados".

Ao lado do medo de aprender não existiria ainda em certas crianças o medo de saber?

Se falo com mais frequência do medo de aprender, é por ser ele mais difundido e, paradoxalmente, menos conhecido e menos citado nos diversos estudos pedagógicos e psicológicos dedicados às dificuldades de aprendizagem. O medo de saber, no entanto, o medo do poder que ele pode dar, o medo do risco de mudança que ele gera, também existe e contribui para alimentar o bloqueio de pensamento.

No medo de aprender, as exigências e pressões da aprendizagem contribuem para a perturbação. No medo de ☞

saber é o próprio conteúdo da mensagem que coloca o problema: o suposto poder de uma informação pode tornar temível seu domínio, ou simplesmente sua pesquisa.

Ao longo da minha carreira, encontrei quatro grandes causas distintas que podem conduzir ao medo de saber:

- *Os segredos ou os não ditos da família*, que levam certos filhos a limitar sua curiosidade, a não mais fazer perguntas, a funcionar em setores (isto é, a restringir o interesse a certos assuntos); nos casos mais graves induzem até a fixar certos processos de pensamento.
- *A dificuldade em ultrapassar o nível cultural dos pais*. Todos os professores têm ao menos um exemplo a citar de criança não leitora, que tem um dos pais que não sabe ler. Qualquer que seja, aliás, o grau de estudo dos pais, ultrapassá-lo é sempre algo delicado para um filho.
- *A rigidez de certas mensagens educativas*. "Aprenda, mas seja como nós." "Não se deixe influenciar a ponto de sair do nosso lado, de não mais compartilhar nossas ideias." Incontestavelmente, com o crescimento dos integrismos religiosos, o fator gerador de medo de saber vem também crescendo. Os casos mais visíveis são os dos jovens que recusam determinada parte do programa de história, de filosofia ou de ciências, às vezes anunciando em voz alta essa recusa. Mas os mais jovens são também atingidos de modo mais insidioso e dissimulado, e são principalmente as meninas que, para permanecer em harmonia com o meio familiar, caem na inibição intelectual.

- *A necessidade de cercar-se de parâmetros flutuantes para permanecer na infância e não se responsabilizar.* Nesse caso estamos diante de crianças que procuram se proteger não participando da competição imposta pela escola. Essas crianças não querem tomar parte em eventos que não dominam e sobre os quais não podem exercer influência. Instalar-se num quadro espacial e temporal impreciso é muitas vezes um indício de medo de saber.

É preciso, porém, ser prudente na utilização desses argumentos, que nunca devem ser apresentados como exaustivos. Com efeito, certas vocações de pesquisadores não se devem a certos segredos de família? Certos pais não sabem utilizar maravilhosamente a razão da ultrapassagem do nível cultural familiar para estimular o filho e favorecer sua integração? Certos filhos inquietos não investem com êxito na aprendizagem a fim de se tranquilizar?

4 UMA OUTRA PEDAGOGIA PARA HAVER RECONCILIAÇÃO COM A APRENDIZAGEM

Ouvir, falar, escrever: três tempos incontornáveis para pôr de novo o pensamento em marcha

Em relação aos cinco adolescentes de que acabo de falar, o objetivo do apoio pedagógico é claro: tentar reconciliá-los com a escola, fazer com que o colégio deixe de ser para eles o lugar que cristaliza as oposições, as rejeições, as destituições...

O fracasso verificado durante toda a escolaridade desses alunos deixou marcas: perda de autoestima e falta de confiança em relação aos adultos que os orientam. A rápida emergência de ideias de autodesvalorização e de perseguição quando estão em dificuldade é a prova disso.

Como fazer essa situação evoluir? Como ajudá-los a recuperar um mínimo de autoconfiança necessário ao funcionamento intelectual, quando avançam em um ambiente em que tudo e todos continuam a apontar suas insuficiências?

Em se tratando de adolescentes "com bloqueio da capacidade de pensar", é preciso principalmente não mais apostar em recuperação escolar sob a forma de treinamento adicional. A pedagogia que proponho visa antes de tudo ajudá-los a pôr novamente em marcha as engrenagens do pensamento. É nesse estímulo que se baseia a esperança de uma reconciliação consigo mesmos e com a aprendizagem.

Para fazer isso, três vias complementares devem ser privilegiadas. Essas três vias, que constituem as três etapas do trabalho psicopedagógico, enriquecem-se mutuamente. Vamos poder verificar que elas podem muito facilmente ser transpostas pelos professores ao universo da classe comum.

- A primeira via consiste em dar aos alunos os meios para colocar em palavras e imagens as inquietações que surgem rapidamente assim que eles se veem diante do esforço intelectual. Dentro do quadro pedagógico, esses meios só lhes podem ser proporcionados pela cultura. É o papel que atribuo aos textos chamados fundamentais: contos, mitos, epopeias, fábulas... Cada sessão de psicopedagogia começa, portanto, com um tempo de leitura feito pelo adulto, de quinze a vinte minutos.

- A segunda via consiste em propor-lhes, depois dessa leitura, um tempo de intercâmbio entre os alunos sobre o que acaba de ser lido, também de quinze a vinte minutos. A fim de prolongar o efeito mediador do aporte cultural, é indispensável que a leitura do adulto seja seguida desse tempo de discussão e debate. Durante esse intercâmbio, cada um pode confrontar seu ponto de vista com o dos outros, comentar o que ouviu e compreendeu, bem como as perguntas e emoções mobilizadas pelo texto.

Esse momento é antes de mais nada uma preparação para que possam se apoiar em seu mundo interior. Com efeito, o ponto fraco dos adolescentes com bloqueio da capacidade de raciocínio é não conseguirem voltar-se para si mesmos quando querem expressar o que sentem. Essa incapacidade é terrível, pois vem barrar-lhes o acesso à linguagem argumentativa. Quando eles conseguem começar, graças à cultura, a organizar as ideias que habitualmente se perdem em fragmentos, o exercício do pensamento torna-se enfim possível.

Os primeiros progressos constatados nesses grupos especializados ou em classes de professores que aplicaram esse método caracterizam-se sempre por uma melhora das possibilidades de intercâmbio verbal. O levar em conta a palavra do outro antes de se expressar e o enriquecer seu próprio ponto de vista a partir de um exemplo trazido pela cultura são etapas fundamentais no retorno à utilização do pensamento.

Ao se apoiar nos primeiros progressos realizados graças a uma capacidade nova de o aluno voltar-se para si mesmo a fim de chegar ao argumento, o terceiro motor dessa pedagogia pode desempenhar plenamente seu papel.

- Trata-se a partir de agora de prolongar a discussão por meio da redação individual de um texto escrito contendo cinco a dez linhas, a fim de retomar uma questão que tenha emergido do debate. Esse terceiro tempo da psicopedagogia, que também dura de quinze a vinte minutos, não deve ser negligenciado. A expressão de ideias pessoais por meio da escrita dá aos adolescentes a possibilidade de se iniciarem na solidão indissociável da pesquisa intelectual. Verificamos então, ao longo dessa etapa, que a apresentação de textos fundamentais lhes oferece um apoio de primeira qualidade para esse exercício. Essa passagem para a escrita é, portanto, um bom meio de reforçar e treinar as competências psíquicas e a capacidade imaginativa, estimuladas e colocadas em movimento por ocasião dos dois primeiros tempos. É na terceira etapa que vão poder se dar naturalmente os aportes técnicos para o domínio dos saberes fundamentais (leitura, escrita).

Como se desenvolve uma sessão com essa abordagem pedagógica?

Para exemplificar, eis a 34ª sessão de psicopedagogia com os cinco adolescentes já apresentados, cujo intercâmbio ocorrido nessa sessão anotei integralmente.

Nosso trabalho já vinha sendo desenvolvido havia quase um ano. Eles já eram capazes de se ouvir e de esperar sua vez de se expressar. A pergunta escolhida para o debate do dia, depois da leitura, é a seguinte: "Basta falar para que as pessoas se compreendam?".

Para introduzir a discussão, li para eles uma história da mitologia egípcia protagonizada por Hathor, deusa da natureza. Filha preferida de Rá, ela é uma deusa colérica e ciumenta. Certo dia, irrita-se com o pai, que teria, segundo ela, manifestado preferência pela irmã de Hathor. Em represália e por despeito, ela se isola no deserto, transforma-se em gata selvagem, feroz, e mata tudo o que se mexe ao seu redor. Em poucos dias, semeia o terror e a desolação entre os homens e os animais que vivem nesse território.

Rá então encarrega seu filho Thot, irmão de Hathor, de ir procurá-la e de chamá-la à razão. A missão é perigosa. Depois de refletir, Thot decide se transformar em babuíno, em vez de leão. Quer de imediato demonstrar fraqueza à irmã e resolve contar-lhe histórias sobre a utilidade da comunicação, para que ela compreenda a situação em que se encontra, em vez de tentar levá-la de volta à força.

A pergunta do dia emergiu da primeira parte de nosso intercâmbio, dedicado a um resumo daquilo que havia sido ouvido e compreendido por cada um e pelo grupo. Logo surgiu uma divergência: alguns acreditavam ser possível atenuar a cólera com palavras, enquanto outros pensavam que tal ação estava fadada ao fracasso.

Eis como as preocupações identitárias desses adolescentes ocupam, como frequentemente acontece, o primeiro plano.

Olívia é a primeira a lançar o debate: "Essa história termina muito bem! Quando o ciúme é assim tão forte, não basta dizer: 'Seu pai te ama tanto quanto a seu irmão ou sua irmã'. As palavras não bastam para tranquilizar, é preciso também que hajam provas, gestos".

Djalma, visivelmente impressionado com a coragem de Thot, tomou uma posição que lhe era inabitual. Foi contra Olívia e valorizou a palavra: "Sim, Thot tinha razão! Se ele quisesse abusar da força, tudo teria terminado em sangue, e ponto! Acho que basta a gente falar para se compreender. Com as palavras a gente sempre pode se explicar".

Júlio, que gosta sempre de se colocar em oposição ao último que falou, apressa-se a dizer coisas desagradáveis a

Djalma: "Não, às vezes, com as palavras, a gente fala e não diz nada. Pode dizer coisas vazias, como você está fazendo agora".

Djalma, vexado, começa se irritar. E responde a Júlio: "Pode-se também não entender nada do que os outros dizem, quando não se tem inteligência suficiente, o que é ainda mais grave, como é o seu caso".

Corina toma partido de Júlio: "Discutindo desse jeito, vocês mostram que é Júlio quem tem razão! Aqui a gente fala, mas não se entende. Passa a entender menos do que antes".

Djalma não cede e retorna à sua ideia inicial: "Acho que não. Se a gente não se entende, continua a falar, dá mais explicações, só isso".

Kevin, que ainda não tinha falado, conduz o debate a argumentos mais corriqueiros: "Se a gente fala línguas diferentes, não adianta dizer tudo o que quer, não vai conseguir se entender".

Djalma não se desestabiliza com o argumento: "E os gestos, o que você acha? Isso é falar também. Já viu a linguagem dos sinais? Traduzem até mesmo discursos de uma hora... A gente vê muito disso na televisão".

Kevin continua a procurar exemplos para demonstrar que a comunicação é, às vezes, impossível: "E se você falar com um bebê, ele vai compreender você?".

Djalma: "Por que não? A gente pode falar com os bebês também. E eles, com choro e gritos, podem dizer que estão com fome ou sentem dor".

Olívia: "Às vezes, quando as crianças fazem bobagem, é preciso parar de explicar sempre as mesmas coisas para elas. Quando não entendem, é preciso punir".

Kevin visivelmente não ouve o que poderia desviá-lo de sua busca de exemplos de que não é possível se entender. Dirige-se a Djalma, tomando os outros por testemunhas: "Se você é idoso e surdo, não vai ouvir nada quando falarem com você, e não é com sinais que vai poder fazer alguma coisa".

Desta vez Júlio critica Kevin: "Não são só os velhos que são surdos, os jovens também não ouvem nada. Fizeram um estudo num hospital e verificaram que, por causa do MP3, os adolescentes ouvem tanto quanto as pessoas de cinquenta, sessenta anos".

Djalma se irrita; os argumentos que usa para demonstrar o valor da palavra não só não são retomados pelos outros, como também são encaminhados para exemplos que lhe parecem deslocados ou fora de propósito. Nervoso, dirige-se a Kevin: "Você é capaz de dizer qualquer coisa para defender sua ideia, mas todos aqui estão contra você".

Júlio: "De jeito nenhum. Eu também penso como ele, e os outros aqui estão é contra você. Você defende a palavra, mas a gente nem sequer consegue falar com você. É o primeiro a se irritar".

Kevin, que não segue o fio da conversa, continua em seu argumento sobre a surdez: "Um dia experimentei a linguagem dos sinais com um surdo e nos entendemos. Disse para ele se aproximar e ele se aproximou...".

Risos do grupo.

Olívia volta a elevar um pouco o nível do debate: "Se for para dizer coisas tão banais, não é preciso usar a linguagem dos sinais. Se acha que Thot poderia fazer gestos a sua irmã, você se engana. Ele diz 'venha cá', e ela vai. Está rindo da nossa cara ou o quê?".

Kevin prosseguiu sua demonstração: "Um gesto como o do dedo médio em riste é suficiente para dar a entender muitas coisas".

Corina: "Insultar não quer dizer falar".

Kevin: "Ah, não? Na minha escola um dedo médio estendido para um professor dá expulsão. Isso prova que quer dizer alguma coisa e que eles entendem".

Djalma começa a mudar seu ponto de vista, o que ele nunca teria conseguido fazer alguns meses antes: "Um gesto pode ser bom para desabafar, concordo; melhor que as palavras. Verdade que, quando a gente fala, pode explicar o que quer dizer, mas às vezes não acalma".

Olívia nos leva outra vez de volta à história lida: "Aliás, na história, não é dito que Thot se acalma. É ele quem fala, mas é a irmã quem fica com menos raiva. É ela quem se acalma, não ele".

Djalma: "Normal que ele fale, e ninguém diz que ele está com raiva. Está é com medo, só isso, e, quando a gente tem medo, falar pode fazer esse medo diminuir".

Corina, sempre seguindo a opinião de alguém na discussão, pontua a ideia de Olívia: "Olívia tem razão, quando ela ouve o irmão, pensa menos na raiva que sente. É a palavra que impede a violência".

Júlio sempre se deixa arrebatar pela vontade de contradizer: "Ah, você acredita nisso? E se eu rir da sua cara, se eu criticar seu corpo, se eu insultar você... Você iria gostar? Com certeza, não! Ficaria mais violenta. E isso seria palavra".

Djalma: "Concordo, a gente pode ferir com a palavra, mas você está falando de grosserias e insultos. Palavra não é isso. Quando a gente não se explica, é como se não falasse".

Corina: "A gente também pode ignorar alguém. Isso é ainda pior do que dizer grosserias".

Kevin retorna aos argumentos primários: "Antes me insultavam. Eu queria explicar, e ninguém me compreendia. Então dei porrada, e isso me fez compreender...".

Olívia: "Vocês, rapazes, só entendem por meio da violência... Mas há também o amor. Existem sentimentos que a gente pode demonstrar sem falar, há os gestos, os olhos... Tudo isso pode ser usado para demonstrar que a gente ama".

Júlio: "E os presentes? O que você sente quando ganha? Há as flores, por exemplo. As rosas vermelhas são o símbolo do amor. Se a gente manda um buquê com uma dúzia de rosas vermelhas, não precisa falar, quer dizer diretamente que a gente ama".

Djalma: "É a vergonha! Ao oferecer flores, não é preciso ficar encabulado e por isso não dizer nada. Isso é coisa de velho... É melhor atacar".

Júlio: "Ora, que é isso? Amar não é só mostrar o pirulito".

Djalma: "Entre mostrar o pirulito e oferecer flores há uma diferença. No amor, é a palavra que pode deixar a gente tímido, bloqueado. Mas, se você ama, você se lança. No amor, só há uma coisa de verdadeiro: é a ação-verdade. Isso é que é amor fulminante, cara.

Corina: "Ação-verdade quer dizer o quê?

Djalma: "Quer dizer que a gente se anuncia com franqueza, sem fazer grandes discursos: Você me agrada, e pronto".

Júlio: "Você me agrada, muito bem. E depois, o que você faz?".

Djalma: "Você pode beijar na boca, se ela não disser nada".

Olivia: "E se o não dizer nada significar que ela não está a fim?".

Júlio: "Isso é assédio, cara!".

Djalma: "Dá para ver que você não entende nada disso. Se acha que beijar é assédio, é porque não tem nenhuma experiência e, nesse caso, é melhor desistir".

Júlio: "Pode ser que eu tenha mais experiência que você!".

Djalma: "Se tivesse, você saberia que para ficar tudo bem é preciso beijar a menina, só isso".

Corina: "Hoje em dia as pessoas querem fazer tudo depressa demais".

Júlio: "Veja só nosso exemplo, senhor Boimare. A gente fala, fala e, quanto mais fala, menos se entende. E cada vez mais tenho vontade de dar uma porrada em Djalma".

Djalma: "A gente está se entendendo muito bem. No fundo, quer é agitar. Não quer explicar nada, quer discutir, só isso".

Kevin: "É melhor do que sair no tapa. Hoje, estamos seguindo o exemplo de Thot".

Diante dessa observação, passamos para a terceira e última parte da sessão. Cada qual vai escrever a história que contaria a Hathor para acalmar sua cólera e fazê-la voltar para o pai.

No início de nossos encontros, essa etapa de escrita provocava um bloqueio total: alguns se recusavam categoricamente, outros fingiam que concordavam, utilizando duas ou três palavras. Depois de um ano de trabalho, todos passaram a escrever um texto, apesar das deficiências ortográficas. Até encontram algum prazer em escrever a resposta, em assinalar suas diferenças e em ler em voz alta seus respectivos textos ao grupo.

Os princípios aqui defendidos poderiam ser transpostos para uma classe comum?

Meu primeiro livro, *A criança e o medo de aprender,*[1] foi publicado pela primeira vez há quase dez anos. Depois disso, recebi mais de duzentos testemunhos de professores que me relataram experiências e observações absolutamente comparáveis às minhas. Muitas delas, aliás, se deram depois da leitura do livro, e mais da metade dessas experiências dizem respeito a classes comuns.

Ao me deslocar para participar da reflexão conduzida por esses professores, tive a surpresa de ver certos cursos preparatórios em que as primeiras lições de aprendizagem da leitura baseavam-se inteiramente na decodificação de palavras extraídas das histórias de Hércules ou de Teseu lidas pelo professor. O efeito benéfico desse aporte para os alunos mais desfavorecidos e mais frágeis era incontestável.

1 BOIMARE. Op. cit.

Vi outros se lançarem a esse mesmo empreendimento recorrendo a contos ou às fábulas de La Fontaine. Vi professores da escola básica trabalharem o sentido das operações apoiando-se em situações extraídas de relatos da literatura cortês da Idade Média, ou na construção de um castelo, de uma catedral ou de uma pirâmide, estendendo o trabalho a um período da história.

Não é complicado empreender esse esforço pedagógico. Tampouco exige um carisma excepcional, menos ainda formação em psicanálise. Requer simplesmente criatividade e entusiasmo. O ensino, por sua vez, é pago com o interesse e o prazer de todos os alunos e, também, com a integração do grupo dos que têm mais dificuldade no tocante a comportamento e aprendizagem.

Certas escolas foram até além do que pude imaginar, mobilizando os professores de todas as classes em torno de uma mesma obra literária durante um mesmo período. A École Chateaubriand de Genève foi uma das que se lançaram nessa aventura. Eis as proposições de sua equipe docente: "A escola decidiu desenvolver uma cultura em comum que oferece amplo espaço aos valores cavaleirescos presentes em numerosos relatos tradicionais de culturas diversas".

"Ao acompanhar as aventuras de Lancelot, de Perceval, de Ulisses e de outros heróis, as crianças descobrem que a preocupação altruísta, a cooperação e a curiosidade têm lugar na escola."

Longe de abordar essas questões por um viés moralizador, decidimos fazer dos valores cavaleirescos um objeto de pesquisa coletiva, que conduz ao estudo da língua, do meio ambiente, à prática artística. Assim, as crianças buscam, como Lancelot e Perceval, uma forma de enfrentar o medo e de superá-lo, a fim de, por exemplo, falar com segurança ou ousar expressar verbalmente seus sentimentos quando surge um conflito...".

As primeiras observações dessa escola de Genebra não apresentam ambiguidade: "O estudo do relato aguça a curiosidade e estimula o desejo de saber, reforça a coesão entre as crianças valorizando o que aproxima as diversas culturas, limita a violência aumentando a verbalização dos conflitos, favorece a prática artística. Também os adultos se beneficiam. A equipe docente ganhou em coesão e motivação, o vínculo pais-escola apresentou melhora."[2]

Os distúrbios de comportamento diminuem quando os adolescentes se apoiam no pensamento

O conteúdo dos intercâmbios entre Djalma, Corina, Júlio, Kevin e Olívia talvez pareça banal e anódino. No entanto, a busca de argumentos em que cada um se lança a fim de participar do debate contraditório nos mostra os progressos evidentes realizados por esses cinco jovens no tocante à capacidade de expressão. Todos começam a aceitar o confronto de seus respectivos pontos de vista com os dos outros a fim de enriquecê-los e diversificá-los.

A experiência tem me demonstrado que o surgimento da possibilidade de acessar a linguagem argumentativa

---

2 Trechos de *Les aventures des Chevaliers et Chevalières d'aujourd'hui*. Ville de Genève: Département de la cohésion sociale, 2007.

assinala uma verdadeira revolução na utilização do pensamento. Há um abismo entre um adolescente que se contenta com intercâmbios empobrecidos pela conivência e pela utilização de fórmulas estereotipadas e um outro que consegue voltar-se para si mesmo a fim de defender seu ponto de vista fazendo-o mudar e enriquecendo-o com o exemplo. É principalmente esse abismo que precisamos fazer ser transposto por aqueles que se encontram em falência escolar. É assim que eles aceitarão finalmente as pressões ligadas à aprendizagem.

No entanto, para passar de um estágio a outro, para que o treinamento do falar seja eficaz, é preciso dar-lhes o suporte de que seu imaginário precisa para se pôr em movimento.

Ao longo de quase um ano li contos e mitos para esse grupo. Cada leitura veio, a seu modo, metaforizar e universalizar o que os preocupa. As histórias colocaram palavras em suas inquietações e propuseram soluções para elas. O trabalho de alimentação forneceu-lhes os pontos de apoio de que precisam para compartilhar com os outros aquilo que é pobre demais ou demasiado ligado à emoção para ser falado.

Olívia saiu de sua torre de marfim. Aceitou que a contradissessem quando ela falava. Avaliamos bem, à luz das proposições adotadas, como ela tinha necessidade de se apoiar nas figurações trazidas pela história de Hathor para falar daquilo que a preocupava. É o interesse dessa abordagem pedagógica.

Júlio nos mostrou como é indispensável para ele continuar a existir na oposição. Mas agora ele já não se contenta em arrastar os pés e fazer movimentos de ombros. Em vez de se esquivar dos colegas com palavras ferinas, ele fala, argumenta, ataca. Continua por certo agressivo, mas sua capacidade de relacionamento melhorou nitidamente. Seus colegas não o rejeitam mais, e Júlio já não foge dos adultos que o querem ajudar. Seus resultados escolares são bem melhores e já existe para ele até mesmo a possibilidade de conseguir concluir o ensino médio.

Djalma é por certo o que mais tirou proveito desses intercâmbios. Depois de alguns meses de trabalho, ele participou e se envolveu bastante, como vimos, do intercâmbio comentado.

Embora tenha dito que usar as palavras para falar de amor pode causar timidez, é ele quem mais insiste em demonstrar que é preciso tentar se explicar para evitar o conflito e se fazer compreender.

Ele já se livrou da confusão em que submergia quando queria falar. Aliás, sua agitação, que tanto perturbava os professores, desapareceu completamente.

Seu exemplo bem nos mostra a que ponto a palavra permite estruturar seu pensamento. Conferiu-lhe uma flexibilidade que lhe permite já não precisar de suas ideias de onipotência a fim de se defender.

Kevin, como já pudemos verificar, expressa-se de bom grado. Sua violência, que lhe causara tantos aborrecimentos no colégio, atenuou-se. Observamos, porém, que não desapareceu: é ele quem nos fala de dedo médio em riste, de murros, de comunicação impossível. Mas também é ele quem concluiu dizendo que discutir é melhor do que brigar...

Tornou-se incontestavelmente mais acessível ao discurso do outro. Seus resultados escolares continuam medíocres, mas Kevin se queixa menos das injustiças de que seria vítima, e suas relações com os professores melhoraram bastante.

Corina continua seguindo a opinião dos outros, mas a presença de Olívia, que parece seu porta-voz, permite-lhe já não se situar na ruptura. Já não fala em "perguntas babacas" e parece encontrar um verdadeiro prazer em escutar tudo o que se diz a seu redor. Seu professor de inglês observou uma participação nitidamente melhor nas aulas, tanto na escrita quanto oralmente.

Por que a criança teria necessidade de entrar em contato com seu mundo interior quando está em processo de aprendizagem? Não seria essa uma questão mais ligada à psicologia do que à pedagogia?

Para me fazer compreender melhor num assunto tão delicado, prefiro me contentar com uma definição trazida pela prática, tal como me permite a observação no campo pedagógico. Eis então como percebo o papel do mundo interior na aprendizagem.

Quando uma criança quer obter o domínio de um saber novo, precisa acionar toda uma série de competências para se lançar a operações mentais que lhe permitem chegar a seus objetivos. Para aprender a ler, por exemplo, vai precisar mobilizar competências instrumentais como a memória e os parâmetros espaciais, bem como outros, comportamentais, tais como a estabilidade motora e a concentração. Essas competências lhe serão indispensáveis para se lançar a atividades de deciframento, decodificação, identificação, análise etc.

Não é necessário que me estenda na descrição dessa fase da aprendizagem, já que é a mais conhecida, tendo sido objeto de numerosos trabalhos.

Por outro lado, para colocar esse mecanismo em marcha e continuar a fazê-lo funcionar durante o aprendizado, essa mesma criança precisa também utilizar duas outras alavancas de que ninguém fala. Essas duas alavancas desempenham, no entanto, um papel determinante no destino escolar das crianças e têm raízes no mundo interior; eis por que lhes atribuo essa importância.

- A primeira dessas alavancas vou denominar "capacidade imaginativa". Em palavras mais simples, trata-se da possibilidade de uma criança traduzir com suas próprias imagens o problema colocado, a frase a ser decifrada, a regra a ser aplicada, o teorema a ser resolvido... É justamente essa operação mental que vai permitir alimentar o funcionamento intelectual em representações de melhor ou pior qualidade. Desempenha ela um papel primordial para dar sentido aos saberes novos e ligá-los àquilo que já é conhecido.
  O segredo do sucesso do processo de aprendizagem reside aí. Todos os que saem de nossa escola sem ter alcançado o domínio dos saberes fundamentais, todos os que não conseguem ingressar na aprendizagem da leitura, apresentam incontestavelmente falhas nesse aspecto.
- A segunda alavanca vou denominar "capacidade psíquica". Seu papel é de observação mais nítida: permite à criança dispor de serenidade suficiente para enfrentar o lado negativo da aprendizagem.

Mesmo quando a criança é movida pelo desejo de saber, não esqueçamos nunca que é preciso enfrentar a pressão, a decepção, a competição, a mudança, o fracasso, o julgamento... que também são parte integrante da aprendizagem.

Os recursos para conseguir isso se encontram incontestavelmente no mundo interior. Às vezes os chamamos de confiança, tenacidade, autoestima, resistência à frustração, capacidade de suportar a carência ou a solidão... Esses recursos são singularmente colocados à prova nos tempos fortes da aprendizagem.

Por certo que essas duas alavancas interferem uma na outra. Se uma criança produz representações parasitadas por preocupações pessoais, já não vai conseguir enfrentar de modo sereno as exigências da aprendizagem. Os sentimentos de frustração ou de solidão, por exemplo, podem então se acentuar (como no caso de Júlio, cf. capítulo 2).

Do mesmo modo, uma criança que não consegue se voltar para seu mundo interior a fim de metabolizar a decepção ou a carência pode muito rapidamente desnaturar sua produção de representações e transformá-la em emoções e sentimentos que não têm nada a ver com o objeto de estudo.

Quando se convive com crianças em falência escolar, é possível verificar a que ponto essas duas alavancas se encontram no núcleo do processo de aprendizagem e o governam.

No mundo da pedagogia, temos dificuldade em lhes dar o lugar que lhes caberia. Pensamos que dependem antes de tudo do papel educativo dos pais, e não vemos com clareza como podemos contribuir para melhorá-las.

Contudo, como demonstrarei adiante, graças à cultura e à linguagem, o pedagogo encontra-se em posição favorável para reforçar esses pontos de apoio essenciais à aprendizagem.

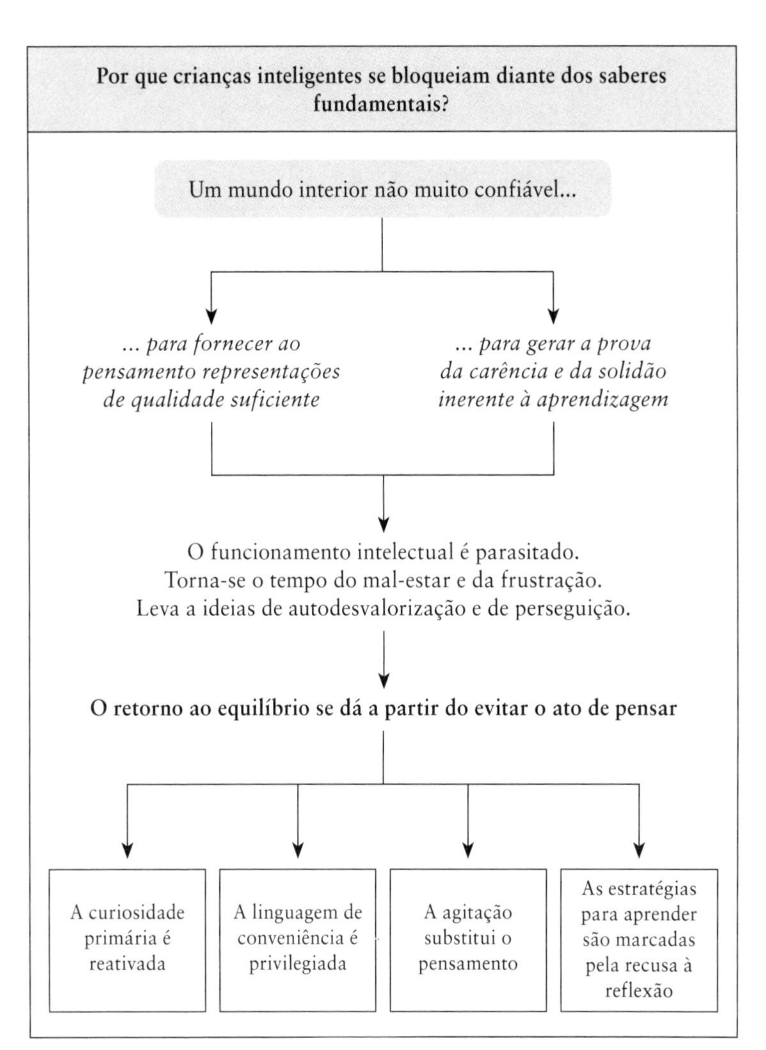

Figura 4.1. O fracasso escolar explicado pelo bloqueio do pensamento.

PARTE 2

COMO COLOCAR O PENSAMENTO NOVAMENTE EM MARCHA POR MEIO DA CULTURA E DA LINGUAGEM?

POR UMA OUTRA PEDAGOGIA

5 QUAL A PEDAGOGIA CAPAZ DE REDUZIR O FRACASSO ESCOLAR?

Ousar a pergunta incômoda

Se um dia quisermos realmente reduzir o fracasso escolar, será preciso não temer enfrentar uma pergunta que resume por si só o desafio lançado por todas as crianças inteligentes às quais não se permite o acesso aos saberes fundamentais: Como a pedagogia poderia se ressituar quando seus esforços para preencher as lacunas e oferecer parâmetros a quem deles precisa terrivelmente provocam mais mal-estar e desestabilização do que progressos reais?

Em outras palavras: O que fazer quando a contestação é tão radical que já não permite empreender o encontro para o aprendizado?

Todos os que preconizam ou inventam métodos ou ferramentas que visam trabalhar mais e sempre mais com o que até então não funcionou, se possível mais lentamente, se possível num grupo pequeno, carregam uma pesada responsabilidade no tocante ao mal-estar dos professores que lidam com esse público.

Ao tentar dispensá-los dessa pergunta primordial que pode levar à busca de soluções novas, alimentamos um sistema que já demonstrou sua incapacidade. Eles os tornam assim responsáveis, fazendo-os carregar a responsabilidade de um encontro que não se dá.

Esse jogo de passa-passa é inadmissível. Jamais trataremos a falência escolar sem olhar com lucidez suas consequências na realidade da prática cotidiana. Com algumas variantes, essas consequências sempre conduzem os professores a duas perguntas bastante angustiantes às quais devem responder sozinhos: Como transmitir o saber a crianças que não ouvem quando se fala com elas, quer por estarem agitadas ou sonolentas? Como fazer refletir crianças que se sentem perseguidas ou desvalorizadas quando não conhecem a resposta para a pergunta apresentada?

Quando a gramática se torna "coisa de menina"

Quando Jeremias, de treze anos, interrompe brutalmente o exercício que está fazendo sobre a concordância do particípio passado, dizendo ao professor em voz alta e em tom provocativo que gramática é coisa de menina, estamos muito além de um problema de estratégia pedagógica para apresentar essa regra delicada da língua escrita.

A firmeza de autoridade, necessária no caso, não será suficiente para reduzir o mal-estar de Jeremias diante do saber que não se dá de imediato. A dúvida, imposta pela pesquisa, desencadeou nele sentimentos excessivos que não tem relação alguma com o exercício proposto. O confronto com suas carências e com regras precisas, impossíveis de manipular, o remete a ideias de insuficiência, desvalorização, depressão, ao contrário do que faria crer sua atitude de bravata. Ora,

Jeremias não tem o costume nem meios de lidar com seus sentimentos. Só sabe afastá-los, de preferência de maneira brutal, fazendo os outros responsáveis por sua perturbação. Nesse caso, ele se defendeu exibindo sua virilidade, ridicularizando o exercício, agredindo sua professora. Essa rejeição arrogante lhe permite se recompor. Ao enviar a inquietação e a fraqueza para o lado feminino, ele se tranquiliza:

> Por certo, para reconciliar Jeremias com a gramática, não bastará colocá-lo num grupo pequeno de apoio e aumentar o tempo reservado aos saberes fundamentais com firmeza e autoridade. Essa visão simplista da pedagogia é dramática. É totalmente absurdo querer tratar do mesmo modo os alunos que não conseguem se apoiar no pensamento a fim de aprender e os outros, aqueles que só precisam de um treinamento suplementar ou de um pequeno empurrão personalizado para preencher as lacunas.

Essa cegueira explica não só por que não conseguimos fazer baixar esses índices irredutíveis que percorrem a escolaridade sem dominar a base dos fundamentais; é também responsável pelo mal-estar dos professores, incentivados a engrossar um sistema de conhecida incapacidade.

Jeremias nos mostra claramente o seguinte: quando a falência escolar persiste, não se deve defini-la apenas em termos de carência ou de treinamento insuficiente; está também ligada a toda uma organização psíquica singular, em que o evitar pensar constitui um meio de recuperar o equilíbrio. Em nossas proposições pedagógicas não podemos continuar a ignorar deliberadamente esse funcionamento que se verifica em quase um aluno entre seis...

Uma prioridade: reforçar o mundo interior

Para reconciliar Jeremias com a aprendizagem e com aqueles que a transmitem, é preciso pôr um fim à prova de força – em torno de seus déficits – que ele estabelece com seus professores. É preciso ajudá-lo a se reconciliar com a própria atividade do pensamento.

Como é possível esse empreendimento? Em que se baseia? Como reativar a máquina de pensar daqueles que, como ele, organizaram seu modo de ser e de aprender com base em dois fatos incontornáveis: o imediatismo da satisfação e a recusa à dúvida?

A esperança de mudança está ligada a um objetivo prioritário: é preciso ajudar essas crianças a construir e estabelecer os pontos de apoio internos que lhes faltam quando precisam voltar-se para si mesmas a fim de refletir.

Reencontrados esses pontos de apoio internos, essas crianças poderão finalmente resistir à frustração e à inquietação impostas pelo funcionamento intelectual. Uma vez enriquecido e tornado seguro o mundo interno dessas crianças, será possível levá-las a utilizá-lo, e elas enfim aceitarão entrar na atividade reflexiva, parte integrante da aprendizagem.

Como veremos, esse objetivo é eminentemente pedagógico. Não deixemos os partidários do imobilismo sustentar que isso é do domínio da psicanálise ou do educador especializado; são os professores que dispõem das duas ferramentas que mais produzem resultados no sentido de pôr de novo em movimento a máquina de pensar, reforçando o mundo interno: a cultura e a linguagem.

É lamentável que esses dois estímulos sejam subutilizados em nossa pedagogia. Sem eles, digo até mesmo que sem seu emprego intensivo, a reativação do funcionamento intelectual dos impedidos de pensar revela-se uma missão impossível. Verifica-se, aliás, que a cultura e a linguagem são também os estímulos que permitem alçar os melhores alunos a níveis de excelência...

O papel da cultura e da linguagem

A cultura, em sua abordagem das grandes questões fundamentais, assim como a linguagem, em seu papel de estruturação do pensamento, nos oferecem dois pontos de apoio fáceis de manejar em sala de aula. São elas dois fatos incontornáveis para estabelecer e sustentar o objetivo de pôr novamente o pensamento em marcha.

A cultura e a linguagem são de fácil utilização, pois estão no próprio núcleo do processo de aprendizagem. São sempre mobilizáveis, quaisquer que sejam a idade e o nível dos alunos, até mesmo em ciências ou matemática.

A cultura e a linguagem são incontornáveis, pois a ambição de enriquecer o mundo interno e de levá-lo a funcionar deve repousar em bases que assegurem a finalidade do trabalho pedagógico: transmitir o saber.

Mas não nos enganemos. Contrariamente a uma ideia preconizada em certas abordagens pedagógicas que valorizam antes de tudo o encontro e o relacional, a utilização da linguagem e da cultura em sala de aula não significa fazer os alunos falarem de seus centros de interesse ou da história do bairro. O projeto aqui não é socializar ou reduzir as tensões no colégio, mas diz respeito à transmissão do conhecimento, quer se trate de saberes fundamentais ou de conteúdos disciplinares.

Abandonemos, enfim, os esquemas simplistas e redutores, segundo os quais uma pedagogia que se interessa pelo funcionamento do pensamento é necessariamente uma pedagogia de pouca consistência.

Ter ambições para que esses alunos tenham também uma "boa cabeça" não implica baixar o nível de exigências e deixar de cuidar das pressões que acompanham a aprendizagem. Ao contrário. O êxito em alcançar o objetivo final dessa pedagogia mede-se também pela qualidade e quantidade de saberes transmitidos a todos os alunos, tanto os melhores quanto os não tão bons.

Os conteúdos disciplinares não correm o risco de ser sacrificados quando se buscam principalmente o interesse e a expressão dos alunos ou a coesão do grupo?

Por que minhas proposições seriam antinômicas em relação a uma aprendizagem rigorosa? Se procuro suscitar o desejo de saber em meus alunos, é para lhes ensinar as regras de gramática e geografia, é para exercitá-los no cálculo mental ou no ditado... Isso, aliás, é o que tenho feito ao longo de minha carreira.

Quando lanço pontes entre a cultura e as preocupações identitárias de meus alunos, não é para fazer animação sociocultural ou para desconstruir os conteúdos disciplinares. É para lhes dar pontos de apoio indispensáveis para reativar a capacidade de pensar. Se eu não for capaz de atiçar-lhes a curiosidade nem de ajudá-los a acrescentar novas representações para organizar e enriquecer as que eles já ☞

têm, não poderei lhes apresentar de modo útil os famosos conteúdos disciplinares. Como então poderia eu conduzi-los pelo caminho da renúncia ligado à aprendizagem?

Essa ruptura entre os partidários do interesse e os adeptos da pressão – houve até quem falasse de pedagogo e de republicano – é ridícula e dramática. Ela se deve a um desconhecimento da realidade encontrada em campo pelos professores quando se encontram diante de classes difíceis e heterogêneas. O convívio em nossa escola com alunos em dificuldade bem nos mostra que é impossível dispensar uma ou outra dessas duas alavancas, o interesse e a pressão, quando se ambiciona ajudá-los.

É lamentável que essa ruptura absurda seja alimentada por grupos de pressão e até mesmo por responsáveis pela educação nacional encarregados dos programas de ensino. Ela só provoca mal-estar e culpabilidade no mundo docente, freando a criatividade e as iniciativas...

Esses princípios pedagógicos são inspirados na pedagogia de Freinet?

Os promotores da nova educação não me esperaram para fazer essas proposições: há muito tempo tinham inventado esse modo de dar aulas.

Dar sentido, trazer a realidade prática para os saberes e relacioná-los entre si, sempre encorajando nos alunos a experimentação e a palavra, esses são princípios pedagógicos conhecidos de longa data. Já é tempo de reinvestir neles a fim de vivificar os saberes propostos na escola.

Deixemos de fazer crer que essa maneira de dar aulas é antinômica com relação ao rigor e à autoridade do professor. Bem ao contrário: é o melhor modo de responder

☞ e de se adaptar aos comportamentos das crianças de nossa época, permanentemente solicitadas e estimuladas por quantidades de informações que aprenderam a selecionar tendo unicamente como critério o interesse do momento.

A única novidade nas minhas proposições reside na preocupação da alimentação cultural intensiva e diária pela leitura de textos fundamentais, com o objetivo de chegar à representação das inquietações que parasitam o pensamento de nossos alunos mais desfavorecidos.

6 REATAR COM OS QUATRO PRINCÍPIOS FUNDAMENTAIS DA PEDAGOGIA

Para conceber o aporte de conhecimentos aos alunos com bloqueio de raciocínio, a fim de que a aprendizagem se dê em boas condições com todos os alunos, até mesmo os melhores entre eles, é indispensável valorizar uma transmissão de saberes que voltem a se ligar com os quatro princípios fundamentais da pedagogia: interessar, alimentar, fazer falar e relacionar os saberes às questões humanas fundamentais.

Agora vejamos por que esses quatro princípios são imperativos e por que não é possível dispensá-los, caso se queira lutar contra a falência escolar e transmitir os saberes de base. Veremos também como esses princípios dinamizam a pedagogia para todos os alunos, respeitando-se o quadro institucional.

Interessar... para reatar com a curiosidade primária

O primeiro imperativo, quando se quer levar em conta a dificuldade de aprender de certos alunos, é incontestavelmente conseguir interessá-los.

O que há de mais normal e mais natural para quem deseja transmitir uma mensagem do que querer captar a atenção de seu interlocutor? É difícil imaginar como poderia ser diferente. No entanto, reconheçamos, esse princípio de base da pedagogia ativa e de todas as boas pedagogias está longe de ser respeitado. Aliás, a primeira crítica que os alunos dirigem a sua escola é a de que se entediam quando lá estão... Essa crítica a fazem todos, tanto os bem-sucedidos quanto os que fracassam.

Não é fácil, porém, manter o propósito de conseguir o interesse, principalmente de alunos solicitados desde a infância com informações e histórias sensacionais apresentadas em imagens; principalmente de alunos pouco inclinados a distinguir entre o prazer e a vontade de saber, alunos habituados a mudar de canal assim que seu interesse diminui. A essas dificuldades gerais, frequentemente descritas pelos professores como o mal da época, acrescenta-se o problema específico dos alunos com bloqueio de raciocínio.

Muitos deles, por razões pessoais que muitas vezes remontam às primeiras experiências educativas na família, não conseguem nem mesmo prestar atenção quando a palavra do professor se dirige ao grupo. Se não estiverem sob o olhar ou se não forem interpelados pessoalmente, não se sentem implicados.

Outros vivem a escola como um lugar afastado de seus centros de interesse: "Não está com nada, coisa de velho, não serve para nada...". Chega a parecer que alguns deles nunca conseguiram se servir de sua curiosidade, nunca conseguiram acionar em sala de aula sua vontade de saber. Esse fenômeno é particularmente visível nos casos de inibição intelectual, em que qualquer comportamento evoca essa incuriosidade, ou até mesmo essa aversão, muito desestabilizante e desmotivante para os professores.

O imperativo do retorno ao interesse é, portanto, a chave dessa nova pedagogia, que ambiciona tratar a falência escolar com proposições feitas a todos, em classe comum.

Por que atrair a curiosidade primária?

Como conseguir isso? Com base em que podemos esperar reatar o fio com aqueles que o cortaram, às vezes há muito tempo? Se não é simples manter esse propósito em sala de aula, é porque uma das primeiras consequências do bloqueio, e sem dúvida a principal, é manter a curiosidade voltada para preocupações primárias e infantis. O pessoal e o sexual sempre apresentam, no caso em questão, um lugar de destaque: "Será que me amam? Como eu surgi? Como evitar o sofrimento? Como se distinguir dos outros?...". A força e o impacto dessas perguntas, que persistem ainda sob essa forma pueril em certos adolescentes, impedem a descentração indispensável ao funcionamento intelectual.

Com alunos desse tipo, uma informação retém a atenção se contiver resposta a essas perguntas primárias, sendo também portadora de uma carga afetiva, emocional. Na ausência disso, será descartada. A informação deve, portanto, atrair o voyeurismo, o sadismo ou a megalomania, pois essas são com frequência as únicas portas de entrada para o conhecimento que essas crianças ou esses adolescentes toleram.

Como seria possível, em sala de aula, propor assuntos que levem em conta tais estímulos para o interesse? Estaríamos condenados a falar de futebol ou de estrelas da TV? Como não desnaturar os objetivos da pedagogia, indo ao encontro de uma necessidade de conhecer bloqueada para esse estágio e movida por essas forças?

Vamos ver que a cultura, e apenas ela, oferece os meios de tratar as questões mais arcaicas, dando ao mesmo tempo a possibilidade de lançar pontes para abordar as aprendizagens mais rigorosas, num âmbito em que têm lugar a regra e a pressão.

O papel do texto fundamental

A primeira etapa da tomada de interesse pela cultura passa pela leitura de textos considerados fundamentais por nossas civilizações. São igualmente fundamentais para os alunos em dificuldade, pois trazem em si respostas às perguntas primordiais que os mais desfavorecidos do ponto de vista cultural nunca conseguiram elaborar nem sublimar.

Diferentemente das variedades ou das atualidades, esses textos não saturam a atividade intelectual com o que oferecem para ser visto ou esperado. Diferentemente da mensagem publicitária ou do folhetim violento, não atiçam a megalomania nem a necessidade de prazer imediato. Diferentemente da história do bairro ou da cultura da cidade, esses textos impõem um deslocamento de espaço e de tempo muito propício à descentração que o acesso ao simbólico exige.

Quando a cultura lida com a curiosidade primária, faz dela um trampolim que permite ir rumo a uma interrogação mais geral, conduzindo a preocupações universais. Para que um texto mereça ser denominado fundamental, para que tenha conseguido atravessar as modas e as épocas, deve conter em si essas questões primordiais, pois ao longo do tempo são elas que contribuíram para forjar o espírito humano.

Com a ajuda de metáforas, o texto deve retomar essas grandes perguntas que, em definitivo, contêm todas as outras. Deve poder nos falar das origens, da sexualidade, da lei, do desejo, da morte.

É o que por certo vai interessar a todas as crianças. Ao dizer *todas*, penso mais especialmente naquelas que, em sua educação, só obtiveram respostas parciais, ambíguas, incompletas, às vezes até mesmo apresentadas de modo violento. No entanto, as qualidades do texto fundamental não se detêm no interesse que ele suscita; se esse texto se aproxima da questão básica, sempre voltada para o *pessoal*, é com uma ambição: a de prolongá-la e transformá-la em uma outra pergunta, que se abre para o *universal.*

Os três porquinhos prendem a atenção das crianças pequenas porque eles lhes falam principalmente das angústias de separação e devoração. Mas as personagens não se restringem a isso, sabem tirar proveito da emoção mobilizada para conduzir as crianças àquela pergunta importante, que, no entanto, nunca é formulada: "Como vou construir, como vou preparar o amanhã, se eu não aceitar a pressão?". Não há mais bela lição de moral para as crianças do que ler e reler para elas essa história do lobo e dos porquinhos.

Além das imposturas, das violências, dos incestos, dos parricídios, as histórias mitológicas nos conduzem sempre a essas duas grandes perguntas: "Como vou encontrar meu lugar entre os outros, se cedo ao imediato do meu desejo?", "Como conciliar as forças contraditórias que estão em mim?".

Os textos que prendem a atenção das crianças graças à proximidade com o íntimo ou por meio da emoção que mobilizam são numerosos, mas bem poucos podem pretender pôr em movimento a atividade de pensar do modo como a buscamos aqui. Numa sala de aula, precisamos ter ambições diferentes daquelas dos criadores de jogos de vídeo ou de folhetins violentos.

Atrair o voyeurismo não basta, pois o interesse do aluno não é uma finalidade em si; esse estímulo deve servir para enfrentar o rigor e a pressão da aprendizagem.

Vamos verificar agora que a cultura faz, nesse sentido, proposições múltiplas e variadas que permitirão manter esse objetivo. É o que nos leva ao segundo imperativo dessa pedagogia: alimentar.

É necessário escolher os textos em função das dificuldades psicológicas ou comportamentais das crianças?

Eu acreditava que sim. Durante certo tempo, pensei de fato que certas narrativas combinavam melhor com crianças inibidas, outras com crianças violentas, outras ainda com aquelas em conflito com autoridade ou sem autoconfiança etc. Na verdade, isso era um erro, como me mostrou a experiência: a cada vez que eu escolhia um texto pensando nesta ou naquela criança, era uma outra que dele tirava proveito!

Na pedagogia, um texto é bom quando sua forma narrativa responde às preocupações de certa faixa de idade, ao mesmo tempo que permite aos alunos um distanciamento do momento presente: isso permite o estímulo ao debate e ao questionamento, favorecendo a apresentação dos saberes.

Contentemo-nos com isso, as explicações psicológicas não são meu propósito: não escolho ler um conto para crianças de oito anos porque essa leitura lhes oferece imagens que "aliviam pressões pré-conscientes e inconscientes" ou para ☞

☞ "superar decepções narcisistas, dilemas edípicos, rivalidades fraternas".[1] Deixo essa interpretação aos psicanalistas.

Como pedagogo, escolho ler tal conto porque ele traz às crianças uma lição de vida que deveria ajudá-las a crescer, porque mostra sutilmente a vantagem de um comportamento conforme a moral, porque permite melhorar a escuta ou ilustrar o sentido de uma operação, ou ainda porque ele oferece um excelente suporte para trabalhar a expressão escrita e oral.

Escolho a leitura de um romance de Júlio Verne para adolescentes do ensino médio não para ajudá-los a tratar o retorno de angústias arcaicas, mesmo que isso seja frequente nessa idade. Se faço isso, é muito mais para recuperar sua curiosidade dominada por preocupações identitárias e recentrá-la em temas ligados à geografia, às ciências ou à matemática. Ocorre que esse autor apoia-se sempre numa figuração da inquietação arcaica para mobilizar o interesse antes de apresentar o saber, mas pouco importa que eu perceba isso ou não, pois minha motivação é a transmissão dos conhecimentos.

Alimentar... para relacionar sua própria história à dos outros

Desde sempre nossas estatísticas nos mostram uma correlação clara e indiscutível entre pobreza cultural e falência

[1] BETTELHEIM, Bruno. *A psicanálise dos contos de fadas*. Trad. Arlene Caetano. 6. ed. Rio de Janeiro: Paz e Terra, 1980, pp. 14 e 16.

escolar. Não podemos continuar deplorando esse fato sem nada propor na escola para preencher esse vazio.

Alimentar quer dizer aqui ajudar as crianças, por meio da leitura, a relacionar sua história à dos outros graças a um aporte cultural intensivo. Sobre essa base, e com esse projeto, podem ser aplicadas as atividades ditas *de alimentação*, tão importantes para redinamizar ou fazer funcionar melhor a máquina de pensar.

Do maternal aos últimos anos do ensino médio, de trinta a quarenta minutos devem ser destinados todos os dias a esse aporte: a leitura cotidiana em voz alta, pelo professor, permite às crianças e aos adolescentes mais desprovidos colocarem palavras e roteiro sobre os sentimentos parasitas, que habitualmente os desestabilizam ou os levam à ruptura no momento em que eles devem aprender.

Para tornar o pensamento novamente possível, esses temores arcaicos ou identitários que se transformam rapidamente em agitação ou em violência devem ser retomados e reelaborados, em configurações graças às quais as crianças possam abordar seus medos, atenuando seus efeitos desmobilizadores. Com a ajuda da metáfora, as crianças encontram o distanciamento certo de seus afetos e podem prosseguir na reflexão. Uma boa mediação cultural deve ter duas qualidades.

A primeira é oferecer um suporte que permita captar a atenção e interessar, aproximando-se das preocupações mais íntimas. A segunda é universalizar essas preocupações, colocando-as num contexto mais geral, situado em outro tempo e lugar, que interessa mais a todo o grupo.

É o caminho a encontrar para escapar da pressão dos afetos demasiado pessoais que parasitam o pensamento. A passagem à abstração se constrói sobre este duplo movimento de ida e volta entre si e os outros, quando se torna possível o trabalho de pensar.

É exatamente esse duplo movimento que não conseguem fazer as crianças cujas representações não são suficientemente confiáveis, ou suficientemente ricas para permitir-lhes desprender-se de suas preocupações ou de sua história pessoal. É aí que se inscreve essencialmente sua deficiência e é em princípio nesse terreno que devemos ajudá-las. Essa grande dificuldade em criar representações imaginárias a partir das palavras freia o estabelecimento dessas ligações entre o interior e o exterior. Ela impede o ir e vir tão propício ao pensamento e conduz naturalmente a limitar a utilização do potencial intelectual.

As agitações e os retraimentos constituem o fundo da dificuldade em aprender. Muito raramente estão ligados a uma falha neurológica qualquer, contrariamente ao que alguns se empenham há muitos anos em querer provar. Esses desvios do comportamento nos mostram outra coisa além dos problemas neurológicos: eles nos falam muito mais da impossibilidade, para certas crianças, de dar outra forma a essa tensão interna encontrada diante da conquista de um novo saber.

Uma inquietação perfeitamente normal se instala em todos no momento do aprendizado. Essa inquietação provém do questionamento e da incerteza que pairam nesse momento. Mas quando essa incerteza não estimula mais, não leva mais a buscar forças para procurar, quando, ao contrário, transforma-se em sentimentos confusos, o aprendizado não tem como ser fácil. A simples tentativa de juntar letras para formar uma palavra pode tornar-se terrivelmente complicada.

Encadear duas operações para resolver um problema de matemática pode revelar-se uma missão impossível.

O primeiro papel dessa alimentação pela cultura é, portanto, o de fornecer as representações necessárias ao mundo interior para escorar a reflexão e permitir-lhe desempenhar o papel de ponte entre o dentro e o fora, ponte essa necessária ao pensamento.

Bruno Bettelheim afirma em *A psicanálise dos contos de fadas*:

> [...] os contos de fadas têm um valor inigualável, conquanto oferecem novas dimensões à imaginação da criança que ela não poderia descobrir verdadeiramente por si só. Ainda mais importante: a forma e a estrutura dos contos de fadas sugerem imagens à criança com as quais ela pode estruturar seus devaneios e com eles dar melhor direção à sua vida. [...] Enquanto ouve o conto de fadas, a criança forma ideias sobre o modo de ordenar o caos que é sua vida interna.[2]

Estenderei essa afirmação ao conjunto de textos que se situam na base de nossas civilizações ou de nossas religiões, independentemente de sua forma ou ambição: esses textos podem ter tido objetivos políticos, religiosos ou morais, podem ter sido tratados sob a forma de contos, de lendas, de mitos, de fábulas ou ainda de romances iniciáticos. Por que não utilizar também, com as mesmas intenções, esses textos romanceados que nos falam dos grandes períodos de nossa história e das personagens ou dos heróis que a fizeram?

---

2 BETTELHEIM, op. cit., pp. 16 e 92.

Se lermos *A guerra do fogo* aos alunos para iniciá-los na pré-história,* nos daremos conta de que haveria muito a ser dito sobre a exatidão dos fatos. Por outro lado, logo veremos todos os alunos, mesmo aqueles que encontram mais dificuldade diante de nossos exercícios habituais, se fazerem as mesmas grandes perguntas que desde sempre inquietaram historiadores e pesquisadores. Torna-se então fácil conduzi-los a uma reflexão mais bem documentada, a fim de rever as contraverdades do romance e caminhar na direção da objetividade.

Essa abordagem pela identificação com o herói, autorizada pelo romance, não é um freio a que se entre na história. Bem ao contrário, é imperativo recolocar o humano no cerne da narrativa se quisermos um dia que a história envolva também os que não gostam de se apoiar em suas capacidades reflexivas para apreender.

É preciso parar esses cursos de história cheios de pretensões, que se transformam em lições de estatística ou de vocabulário sob o pretexto de não deformar a verdade histórica. A história certamente não é uma sequência de narrativas maravilhosas e imaginárias, mas mesmo assim foi feita por homens e mulheres, animados por sentimentos comparáveis aos nossos.

Há motivo para espanto quando constatamos que os programas de história do ensino médio têm a ambição de dar aos adolescentes uma cultura compartilhada e uma cultura de pertencimento por meio da análise de documentos e do olhar crítico sobre as fontes de informação... Por que tantas

* ROSNY, J. H. *A guerra do fogo*. Trad. Heloísa Prieto. São Paulo: Pauliceia, 1991. (N.E.)

reticências em "contar a história", em nela introduzir os sentimentos e os heróis sem os quais a história não existiria? Os conflitos entre gerações, as rivalidades entre irmãos, os amores, a covardia, e também a coragem e os feitos de alguns, pesaram em muito para o destino de nossas regiões, de nossos países, de nossas civilizações. Por que não fazer disso o trampolim que permitirá o retorno do interesse de todos, antes de passar para o rigor num segundo momento?

Os questionamentos sobre as origens, as crenças, a morte, todas essas tensões que acompanharam a organização da vida em sociedade e a implantação das diferentes formas de poder também fazem parte da história. Estamos por certo reduzidos a hipóteses sobre as intenções humanas das personagens históricas, mas nem por isso devem ser afastadas apenas em benefício de uma condução ao olhar crítico sobre as fontes.

É fácil despertar o interesse de todos os adolescentes pela história e até pelo processo que ela exige. Mas, para conseguir isso, é preciso antes começar por fazer a ligação entre suas preocupações identitárias e os acontecimentos que lhes são apresentados. Para ligar sua história à dos outros, para sentir seu pertencimento ao grupo, alguns de nossos alunos necessitam primeiro que nossa mensagem leve em conta as contradições e as tensões que os agitam.

Através da mediação da cultura, esse procedimento é facilmente colocado em prática. Essa mediação não coloca em risco o quadro pedagógico. É ela que permitirá a construção das pontes entre a emoção e o rigor, sem as quais a atividade reflexiva mostra-se delicada para todos. Esse é o objetivo da atividade de leitura diária dedicada à alimentação.

Fazer falar todos os dias... para ajudar o pensamento a se estruturar

Durante quanto tempo ainda vamos continuar constatando a pobreza da linguagem dos alunos em dificuldade, a deplorá-la sem propor nada de novo sobre o tema? Em todas as classes, do maternal ao ensino médio, a aplicação de uma organização que permita aos alunos debater trinta minutos por dia deveria ser uma regra. Essa atividade é tão benéfica para os bons alunos quanto para os não tão bons. É sobre ela que repousa a possibilidade de criar a dimensão de grupo, sem a qual não há verdadeira pedagogia. Esses debates não somente modificam o encontro com o aluno, mas também são um verdadeiro treino para a palavra, um procedimento que certos adolescentes nunca tiveram a ocasião de colocar em prática.

> Devemos fazer desses trinta minutos diários de debate um imperativo, pois não há melhor exercício que o debate dito argumentativo ou reflexivo para dinamizar a máquina de pensar. Para reforçar essa utilização das capacidades reflexivas, é preciso dar a cada um os meios de confrontar todos os dias seu ponto de vista com o dos outros, num quadro organizado e regulado pelo adulto.

Para que o debate seja natural e principalmente fácil de ser implantado, ele deve prolongar e dar sequência a essa atividade de alimentação cultural representada pela leitura diária feita pelo professor. Como as crianças e os adolescentes terão sido instigados, interpelados, questionados pelo teor dos textos que lhes forem lidos, terão coisas a dizer, terão vontade de que os outros conheçam seu ponto de vista e se interessarão pelo dos outros. Como também veremos, esse confronto de argumentos e ideias é muito propício à emergência de questões capazes de favorecer a transmissão de conhecimentos.

A leitura de um conto, de um mito, ou mesmo de um acontecimento histórico romanceado é compreendida por cada um com sua subjetividade e sua bagagem pessoal: interpretações e compreensões não são sempre idênticas, os contrassensos e os mal-entendidos são frequentes. A troca com o outro permite trabalhar essas diferenças e com elas fazer uma construção comum.

Ressituar e reelaborar

É desejável e lógico que a primeira parte da troca linguística seja consagrada a um trabalho de reconstituição coletiva. Essa reelaboração do texto lido pelo grupo permite que cada um reformule, com suas próprias palavras, o que entendeu. Isso é necessário para evitar contrassensos e compreensões parciais. Essa reformulação permite marcar etapas da narração, fazer a síntese e o resumo, extrair perguntas do texto. O suporte dado pelo desenho ou de uma passagem aprendida de cor, a utilização da representação mímica ou da representação dramática, assim como a preparação do debate em subgrupos de três ou quatro alunos podem ser de grande ajuda, principalmente quando se trata de adolescentes que se expressam com dificuldade diante dos outros. Essas ferramentas os ajudam a ocupar seu lugar no intercâmbio.

> Essa etapa da construção coletiva jamais deve ser escamoteada. Ela tem um papel importante na dinâmica do grupo: não apenas permite a cada um fazer valer seu aporte, como também autoriza os que não haviam compreendido bem, ou os que se haviam dispersado durante

a leitura, a retomar o fio da meada. Assim, eles reencontram seu pertencimento ao conjunto.

Essa dimensão grupal se constrói dando lugar para todos e utilizando habilmente as diferenças. É capital para encontrar a plataforma a partir da qual as dificuldades do aprendizado se tornam suportáveis.

É bastante lamentável que esse olhar sobre a dinâmica dos grupos seja completamente esquecido na formação de jovens professores.

Trocar ideias sobre os sentimentos e os valores que organizam a vida

Essa atividade linguística diária seria incompleta e não cumpriria plenamente seu papel de exercício de reflexão se não fosse prolongada pelo intercâmbio acerca de uma questão marcante. Esse segundo momento permite não só o intercâmbio em torno das ideias e das perguntas surgidas, mas também falar das emoções experimentadas durante a escuta da leitura. É então que com frequência acontece um diálogo em torno dos valores que organizam a vida e, às vezes, lhe dão significado. Eis alguns exemplos:

- Por que a cabra do senhor Séguin* prefere a liberdade mesmo colocando sua vida em risco?
- Por que Chapeuzinho Vermelho não ouve os conselhos de sua mãe?

---

* DAUDET, Alphonse. "A cabra do Senhor Séguin". In: *Cartas do meu moinho*. Trad. E. Jacy Monteiro. São Paulo: Paulinas, 1968, pp. 38-46. (N.E.)

- Por que Ulisses*[a] não quer se tornar imortal?
- Por que o corvo é tão sensível*[b] à adulação?
- Por que os deuses não querem dar poder demais aos homens*[c]?
- Por que os homens sentiram necessidade*[d] de desenhar nas paredes?
- Por que Robinson*[e] quer medir o tempo?
- Para que serve a guerra? O que é uma revolução?

Cada texto, tendo um valor universal, deixa uma parte importante para o olhar pessoal e a interpretação de seu leitor. A troca com o outro é a principal mola propulsora do pensamento. Para reestruturar suas representações, a criança deve reformulá-las na base do respeito mútuo. Para fazer valer seu ponto de vista, ela deve convencer argumentando e dando exemplos. Nessa atividade de reflexão conjunta e na inter-relação com o outro reside a esperança de modificação para os alunos em dificuldade, e também a possibilidade da excelência para os melhores.

Nessas discussões em grupo, há uma circulação fantasmática igualmente muito proveitosa para os que falam pouco. Mesmo estes últimos tiram proveito da palavra do outro: escutar seus colegas emitir hipóteses e dar exemplos pode abrir

* a) Obra de HOMERO, *Odisséia*; b) LA FONTAINE, Jean. "O corvo e a raposa". In: *A lebre e a tartaruga*: e outras histórias. São Paulo: Paulinas, 1993, Coleção Fábulas de ouro; c) Sugestão de leitura para debate: o mito de Prometeu; d) Sugestão de livro para debate: *A gruta de Lascaux*, de Sylvie Girardet e Claire Merleau-Ponty, Cia. das letrinhas; e) DEFOE, Daniel. *As aventuras de Robinson Crusoé*. (N.E.)

as portas de um imaginário bloqueado, em que os afetos são por vezes demasiado condensados. Graças à circulação de imagens favorecida pelo debate, cada um pode ajustar e reorganizar suas representações. Para aqueles que mais necessitam disso, é aí que podem ser implantadas novas imagens trazidas pela alimentação cultural consecutiva à leitura.

O debate reflexivo permite de fato um ir e vir permanente entre o pessoal e o coletivo. É primordial para os alunos em dificuldades, pois é onde se estruturam as capacidades de análise, onde se reforçam as competências psíquicas e intelectuais necessárias ao pensamento.

Oficinas de filosofia, debates de filosofia: parece estar na moda há alguns anos introduzir a filosofia na escola. Seria também esse um bom recurso na luta contra a falência escolar?

"Ajudar as crianças a estruturar seu pensamento e a dominar a linguagem, levá-las a refletir confrontando a dúvida": só posso me sentir próximo dos objetivos anunciados por essas oficinas ou esses debates com objetivos filosóficos. Seria uma pena reservar o exercício somente para os alunos em situação de falência escolar. Vemos, aliás, cada vez mais escolas inserirem essas oficinas em seus projetos.

Insisto, porém, para que esse debate seja sempre iniciado e preparado por um aporte cultural; para que as crianças possam falar em grupo sobre amizade, autoridade, felicidade ou morte, elas devem ter sido anteriormente alimentadas por narrativas ou obras de arte que evoquem essas questões. Senão, é grande o risco de vermos a palavra ser ☞

☞ monopolizada pelas crianças mais favorecidas no manejo da linguagem, ou de desembocar em exemplos íntimos demais e difíceis de utilizar no debate argumentativo.

Não sou certamente o único a ter essa ideia, pois há algum tempo aparecem obras destinadas a ajudar os professores na condução dessas oficinas, que se apoiam em fábulas, contos, mitos ou pinturas.

Saber instaurar um quadro que favoreça as inter-relações

É claro que certa organização do espaço é necessária para permitir e favorecer o debate reflexivo. Como imaginar uma troca entre alunos alinhados um atrás do outro?

A escola é o único local onde acreditamos poder fazer falar entre si interlocutores que não se veem... Com a disposição em fileiras, aquele que toma a palavra dá as costas a seus interlocutores ou tem as costas dos outros à sua frente... Essa disposição da classe tradicional obriga a triangular o tema com o professor: é sempre ele que deve intermediar, retomar e retornar à palavra, pois é o único a estar de frente para todos. Essa organização da classe é inadequada para uma troca interativa entre alunos e favorece o autoritarismo do professor.

É preciso, portanto, dispor as mesas dos alunos em forma de quadrado ou em "U", para que todos possam se ver e se olhar. Se o professor perde seu lugar privilegiado, ele ainda mantém uma posição ativa. Ajuda a reformular e a dar precisão a um pensamento, relança a pergunta e identifica o momento importante do debate. Solicita, com habilidade, também os que se expressam menos e sabe fazer esperar os que gostariam de falar o tempo todo. Mas, principalmente, identifica as questões e as interrogações que remetem o trabalho a outras disciplinas.

Esse intercâmbio, vamos insistir, tem um duplo objetivo: melhorar o funcionamento intelectual de cada um, inclusive o dos ameaçados por bloqueio da capacidade de pensar, bem como favorecer a transmissão de conhecimentos para todos.

O intercâmbio entre os alunos permite construir pontes entre saberes a serem transmitidos e questões levantadas pelo aporte cultural e a troca subsequente. Somente o professor pode identificar essas pontes. Se souber conduzi-lo, esse debate entre alunos é uma ferramenta para fazer emergir as interrogações propícias a acionar o interesse por nossas lições de história, geografia, ciências ou matemática.

Esse modo de proceder nada tem de revolucionário. Desde a antiguidade, todos os que se interessaram pela transmissão dos saberes identificaram que a primeira qualidade do pedagogo era saber fazer germinar a pergunta na mente de seu aluno antes de lhe dar a resposta...

Unir o saber às questões fundamentais... para enfrentar as pressões do aprendizado

Depois de ter sido tomado pelo interesse e pelo prazer proporcionados pela escuta e pelo intercâmbio, após ter sido alimentado e apoiado no grupo e pelo grupo, cada um vai novamente se encontrar diante da solidão imposta pelo trabalho intelectual. Cada um vai ainda confrontar seus limites, suas carências e o mal-estar que esses limites e carências certamente continuarão provocando.

Como fazer para que esse momento de passagem ao rigor do aprendizado não seja um instante de ruptura? Seria preciso procurar evitá-lo, sob o risco de cair na armadilha da demagogia, muitas vezes criticada nas pedagogias que ambicionam a participação, o retorno do interesse e a interação entre os alunos? De modo nenhum. O objetivo pedagógico aí está presente sem ambiguidades e talvez possa ser claramente anunciado: o sucesso desse projeto pedagógico não se mede pelo prazer mobilizado em torno do aprendizado, mas antes pela melhora da possibilidade de enfrentar o tempo de pesquisa e de reflexão necessário ao funcionamento intelectual. É incontestavelmente na capacidade de acessar ou não esse tempo de elaboração que se definem os destinos intelectuais de nossos alunos.

Como já vimos, o bloqueio da capacidade de raciocínio provoca uma quebra que os leva diretamente à falência escolar. Essa etapa de confronto com a reflexão é, portanto, uma prova de fogo que permitirá avaliar os efeitos do trabalho preparatório. Mas não nos deixemos enganar, os efeitos benéficos em geral necessitam de um ano de trabalho diário para mudar verdadeiramente o trabalho intelectual. Logo constatamos, no entanto, que crianças e adolescentes interessados, alimentados pela cultura e levados a falar comportam-se de modo diferente diante do exercício de pensar.

A fim de entrarmos no tempo de elaboração, que é tão assustador para certos alunos que vivem a reflexão como um salto no vazio, essa abordagem pedagógica oferece desde as primeiras semanas dois paraquedas que eles poderão utilizar.

- *O primeiro: as novas imagens que lhes serão fornecidas* pela alimentação cultural. Elas vão poder ajudá-los a suportar o contragolpe dos sentimentos parasitas que os perturbam e rapidamente os alcançam com o questionamento da aprendizagem.
- *O segundo: o exercício cotidiano das capacidades reflexivas, graças ao debate, vem reforçar as ligações interior/exterior*, muito solicitadas durante o tempo de construção intelectual. Eles poderão começar a utilizá-las.

Mas, para que a ruptura entre o trabalho preparatório e as pressões inerentes ao aprendizado não seja muito forte, é preciso que os saberes propostos estejam ligados às questões fundamentais identificadas pela mediação cultural e o debate que ela provocou.

Pode ser difícil mobilizar o desejo de saber dos alunos do ensino médio abordando a geografia dos países mediterrâneos, principalmente em se tratando de aulas sobre o clima, a vegetação, o relevo ou a ecologia. Por outro lado, se para isso os levarmos a acompanhar as peripécias de Ulisses e de seus marinheiros, e depois debatê-las, damos outra dimensão aos conhecimentos propostos.

Esses marinheiros, que cedem tão facilmente a suas vontades e à violência, que resistem tão mal à avidez e nem sempre escutam seu chefe, oferecem um suporte ao imaginário dos alunos. Dão a eles a possibilidade de pôr em ação as molas propulsoras da identificação, tão importantes para o aprendizado. Graças à companhia dos marinheiros, a identificação dos países e das ilhas ou dos mapas das produções agrícolas, das correntes e dos ventos vão poder despertar interesse.

Graças à leitura diária de uma história encarnada por essas personagens, as tensões e os afetos que até então eram um obstáculo para o estudo terão finalmente direito a um suporte que não mais os afastará. O aluno poderá recuperá-los para dinamizar seu processo intelectual: essa história permite a esses adolescentes ingressar no pensamento sem se separar de suas forças vivas.

Nessa odisseia marinha, muitas vezes o que está em questão é a distância percorrida para se atingir um objetivo. O objetivo que se aproxima e se distancia ao longo do tempo e das aventuras é também um trampolim maravilhoso e de fácil utilização para abordar numerosas noções matemáticas. Tive várias vezes a oportunidade de verificar que essa epopeia podia mostrar-se determinante para proporcionar finalmente o sentido da operação a alguns alunos que haviam chegado ao ensino médio sem conseguir resolver um problema de matemática elementar.

A passagem da leitura de uma história a aprendizados fundamentais, como a leitura e o cálculo, não poderia deturpar essa história?

De fato, é preciso prudência quando passamos da história para os aprendizados fundamentais. Nessa etapa, precisamos tomar cuidado para não desnaturar o texto transformando-o em suporte para exercícios de conjugação ou de matemática.

Para ser um bom trampolim, capaz de dinamizar a capacidade de pensar das crianças, a história deve conservar sua força dramática, para continuar a mobilizar as emoções e a representar os sentimentos. Senão, a estimulação psíquica com a qual contamos não acontecerá. É importante ☞

então não superexplorar uma história, como vemos em certos cadernos de atividades de férias, por exemplo.

Certos pedagogos vão, no entanto, longe demais no sentido inverso e afirmam, por exemplo, que depois da leitura de uma história não se deve fazer mais nada. Nem seria desejável questionar as crianças ou fazê-las falar o que entenderam: isso interferiria no seu mundo interior e em suas representações, reduzindo a força da narrativa e seu impacto.

Essa objeção é aceitável se lemos uma história para uma criança na hora de dormir, mas é absurda quando lemos uma história durante uma aula. As crianças, principalmente em grupo, têm vontade de falar do que acabaram de ouvir e seria lamentável não aproveitar essa mobilização afetiva e emocional criada pela história para incentivá-las a fazer isso.

Jamais encontraremos estímulo mais forte para abordar os tempos de fala e de exercício de debate, tão importantes para a estruturação do pensamento. De fato, nesses momentos de intercâmbio surgem perguntas-chave; basta identificá-las e selecioná-las para ativar o interesse pelas aprendizagens que estão no programa. Desse modo, é fácil evitar os riscos de superexploração pedagógica do texto.

O aprendizado da leitura: método global ou silábico?

O contato regular com maus leitores nos mostra que todas as polêmicas alimentadas sobre os modos de aprendizado da leitura estão deslocadas. Salvo exceção, a produção de sentido é que constitui o ponto fraco desses maus leitores e leva, por consequência, à dificuldade de memorizar toda a combinatória complexa que está na base da língua escrita.

Essa observação não é, porém, um manifesto em prol do método global. Global ou silábico, os dois são métodos redutores, e cada um a seu modo contribui para produzir maus leitores. Quando iremos finalmente deixar de privilegiar uma ou outra dessas pedagogias truncadas?

A verdadeira pergunta a fazer é de fato a seguinte: entre esses dois métodos, qual deles produz o maior número de maus leitores? Após as declarações dos últimos anos visando relançar o método silábico, o concurso está aberto. O contato regular com crianças incapazes de acessar a leitura nos mostra que elas escolhem abrir mão da principal força para aprender a ler: a interação entre o decifrar da palavra e a descoberta de seu sentido.

O leitor aprendiz deve ser comparado àquele que aprende a andar. Assim como este, é passando de um ponto de apoio a outro que ele mantém o equilíbrio e avança. Como imaginar que possa de outro jeito? Como poderia ele memorizar todos os sons, entre os quais alguns chegam à complexidade de serem escritos de modo idêntico e pronunciados diferentemente, se não pudesse se apoiar no sentido para se situar?

Como o leitor aprendiz poderia assimilar todas essas combinações que estão na base da ortografia de nossa língua, se não se engajasse num trabalho sério de decomposição da palavra e de análise dos sons que a compõem? Esses dois tratamentos são indispensáveis. Não somente se completam, mas se reforçam interagindo um sobre o outro. O segredo da leitura reside nessa dialética.

O ponto comum entre os maus leitores é justamente o de não terem conseguido essa interação benéfica. Alguns chegam a interrogar o contexto sem decodificar a palavra, o que leva a uma leitura de adivinhação. Outros querem decodificar sem se interessar pelo contexto, o que os torna garimpeiros de palavras.

Então por que, após termos rejeitado a justo título o método global, queremos revalorizar um método silábico que já demonstrou favorecer essa ruptura tão nefasta para os leitores aprendizes mais frágeis? Não tenhamos medo de dizer: é porque cedemos à pressão daqueles que, há algum tempo, medicalizam ou instrumentalizam a dificuldade de aprender a ler. Cedemos à pressão daqueles que não dispõem do recuo da experiência pedagógica para ver que, antes de uma falta de treino ou fraqueza do instrumento, o déficit da capacidade imaginativa é muito mais responsável pelo domínio insuficiente do código.

De fato, a fim de que haja melhora da capacidade de produzir imagens com palavras, de dar sentido à frase, de criar para si representações mentais a partir do escrito, trabalha-se com exercícios menos precisos que aqueles que visam treinar a consciência fonológica, mas nem por isso cedamos mais uma vez à ilusão redutora.

O trabalho pedagógico com crianças em dificuldade para aprender a ler nos mostra regularmente que seu progresso no reconhecimento dos sons repousa na melhoria de suas competências culturais e linguísticas (veja também o capítulo 8).

Para ilustrar minha afirmação, eis o exemplo de uma leitora de nove anos, Julieta, que passou do incômodo de ler para o prazer de ler. Dizendo ver as letras se moverem e que tem a sensação de cair no vazio quando procura ler uma nova palavra, ela descreve a seu modo uma das maiores causas da dificuldade para aprender a ler, a *falha da capacidade imaginativa*, isto é, a impossibilidade de produzir imagem e de criar sentido a partir das palavras escritas. Essa menina vivaz e esperta, cuja inteligência não deixa dúvidas, está em franca situação de falência em sua turma de terceiro ano da escola elementar. Nem sempre ela entende o que lê e a reprovação se anuncia.

De fato, assim que deseja unir os signos que estão diante de seus olhos às imagens que tem em mente, para lhes dar sentido, ela deve frear ao mesmo tempo a chegada de emoções, sentimentos, medos, que se infiltram no tempo de suspensão relacionado à dúvida ligada à procura intelectual.

Essa parasitagem, é claro, perturba terrivelmente sua concentração e a impede de utilizar normalmente a memória. Contribui também para desarranjar suas capacidades auditivas e visuais, de que muito precisaria para o exercício de identificação e de decodificação que marca o ingresso na leitura.

Assim como um caminhante que passa de uma perna a outra, Julieta necessita de uma interação positiva e permanente entre o código e o sentido para chegar a uma leitura eficaz. Durante esse exercício, para escapar ao mal-estar que sente, ela corta as pontes que levam de um a outro, o que a impede de guardar na memória sons simples da língua francesa que ela continua a confundir e a utilizar indistintamente.

Ao longo do tempo, tornaram-se até mesmo objetos perseguidores que alimentam e reforçam a inquietação ligada ao trabalho de deciframento. Por outro lado, quando esse mesmo exercício é iniciado a partir de palavras e frases tomadas dos contos de Grimm, que muito interessaram a Julieta, a apropriação desses sons torna-se finalmente possível. Após algumas semanas, ela se mostrou capaz de ler normalmente, o que melhorou de modo considerável sua relação com os aprendizados.

Por que, quando se trata de ajudar leitores aprendizes em dificuldade, as pedagogias da leitura empregam tanta energia para inventar exercícios destinados a identificar os desarranjos instrumentais e atribuem tão pouca importância ao déficit na capacidade de criar imagem e sentido a partir da palavra escrita? Não seria porque com demasiada rapidez são chamadas de disléxicas?

Em todo caso, existe aí um desequilíbrio flagrante que vem agravando-se nos últimos anos. Não somente ele perpetua os bloqueios mais resistentes quando do ingresso na leitura como também talvez explique por que alguns nunca encontrarão prazer em ler.

Por que o anúncio de uma mudança nos programas desencadeia tão rapidamente a oposição dos professores?

Há duas grandes razões para isso. A primeira delas é que esse anúncio chega enquanto a reforma precedente continua sendo implantada. Antes mesmo de se saber se era útil ou benéfica já é preciso passar à seguinte.

A segunda razão é mais perniciosa. O anúncio de uma reforma vem quase sempre acompanhado da ideia, e preparado por ela, de que com essa mudança finalmente vai ser possível ensinar as crianças a ler, a escrever e a contar. Temos a impressão de ouvir dizer que o verdadeiro trabalho vai por fim começar. Essa declaração é extremamente ofensiva para os professores, como se já não fosse o que tentam fazer. Além disso, como não foram consultados para a preparação desses novos programas, eles identificam as incoerências práticas e as apontam com precisão. A partir disso, tudo se complica.

Se um dia quisermos diminuir a falência escolar, certamente não é mudando os programas nem definindo pela enésima vez as bases fundamentais que seremos bem-sucedidos.

Será preciso mudar profundamente as estratégias pedagógicas para antes lutar contra o bloqueio de raciocínio que atinge um percentual significativo de nossos alunos e freia seu acesso aos saberes fundamentais.

Os professores percebem perfeitamente a intensidade da mudança a ser feita. É por isso que acham ridículas as propostas visando adiantar a idade do aprendizado dos fonemas ou da divisão para tirar as crianças do atoleiro. Pensar desse modo é de fato ter uma visão estreita do problema.

O exemplo de Júlio Verne

A odisseia de Ulisses e de seus marinheiros, já evocada, é uma boa entrada para unir o saber às questões fundamentais, mas tenho uma afeição bem particular por Júlio Verne. Este último veio em meu socorro em várias ocasiões, quando me vi diante de turmas de pré-adolescentes particularmente rebeldes ao aprendizado. Alguns se recusavam até mesmo a se submeter às exigências básicas da escolaridade, como, por exemplo, ficar sentado em seu lugar e ter um caderno (ver meu livro *A criança e o medo de aprender*)[3].

[3] BOIMARE. Op. cit.

A leitura dos romances de Júlio Verne pode parecer difícil, já que não poupa o leitor de nenhuma consideração científica ou tecnológica. Apesar de tudo, sempre prendia a atenção dos jovens, tendo um efeito aglutinador imediato sobre o grupo, apesar de composto de personalidades particularmente individualistas.

Desde as primeiras páginas do romance, por vezes desde o anúncio do título, dávamos início a debates acirrados, em que cada um era solicitado em sua visão íntima do mundo e de sua organização. O que há sob os mares? Sob a terra? O que podemos encontrar na lua? Como sobreviver numa ilha deserta? Sobre um mar de gelo ou numa floresta tropical? Como enfrentar catástrofes naturais, erupções vulcânicas, *tsunami*, furacões?

Questionando meus alunos sobre esse assunto, foi fácil verificar o elo extremamente forte entre a falência escolar e uma concepção do mundo impregnada de magia e crenças animistas, que perdura até mesmo em alguns adolescentes.

Essas questões levavam a discussões inflamadas e chegavam rapidamente à produção de mapas, desenhos, mensagens codificadas. Em inúmeros romances de Júlio Verne há de fato segredos a serem descobertos, pistas a serem encontradas, cartas apagadas, camufladas, indicações parciais, um todo que permite uma iniciação original à leitura. Essa característica e essa ideia de mistério são muito estimulantes para ativar o interesse pela leitura. Como muitas vezes pude notar, os maus leitores são particularmente sensíveis a exercícios desse tipo.

As experimentações se inscrevem naturalmente nas divergências que essas discussões fazem emergir: é preciso ser mais leve que o ar para poder voar? O sol gira em torno da Terra? Como se localizar no mar? Quais as condições necessárias para os vegetais crescerem? Como se deslocar na água, sob a água, no ar...? Para familiarizar-se com o procedimento experimental, nada mais favorável que o desacordo sobre uma questão de fundo que possa levar a uma verificação.

Esses aventureiros não param de sondar, de observar, de comparar, de classificar... Levam o leitor a querer fazer como eles. Seus cálculos para tentar compreender, prever, ligar as causas aos efeitos são uma mina para as propostas matemáticas do professor.

Todos os programas, da escola básica ao ensino médio, podem ser inscritos de modo muito natural nesse contexto. Esses deslocamentos, essas identificações, essas variações de temperatura, esse tempo que passa... Mas também esses cálculos a serem feitos às vezes com urgência e angústia: por quantos dias podemos sobreviver com alguns litros de água? Com alguns metros cúbicos de ar? Lidamos aqui com situações particularmente propícias para mobilizar as capacidades de raciocinar e estruturar uma reflexão.

É possível fazer um trabalho de alimentação cultural com livros de literatura juvenil?

Já faz alguns anos que a literatura juvenil produz obras de grande qualidade. Não devemos hesitar em utilizá-las com essa mesma ambição de reativar o pensamento. Todavia, parece-me indispensável respeitar uma regra para dela tirar um proveito pedagógico: a narrativa deve permitir o distanciamento das emoções, situando-as num tempo que não seja nem o da atualidade nem o da vida cotidiana.

Muitos álbuns de literatura juvenil escolhem justamente o contrário para favorecer a identificação do leitor com

☞ o herói. Essa escolha permite, é claro, uma mobilização mais rápida do interesse, mas, ao escolher o demasiado próximo, o texto não propicia uma boa distância que favoreça o trabalho intelectual a ser realizado em seguida.

Aprender com o professor Lindenbrock

Imaginemos que todos os professores de uma mesma turma de colégio decidam levar seus alunos em uma mesma excursão: seis semanas rumo ao centro da Terra... As autorizações administrativas e a participação financeira dos pais devem ser facilmente obtidas se conduzirmos os alunos atrás de Axel e de seu tio, o agitado professor Lindenbrock, em suas aventuras contadas por Júlio Verne.

A vantagem de tal experiência se faz sentir em vários níveis. Em primeiro lugar ela permite criar esse pertencimento grupal favorável aos aprendizados, dando uma oportunidade real a todos os alunos, mesmo aos de rendimento mais baixo, de se sentirem participantes de um projeto que tem todas as qualidades para atrair a atenção. Mas essa dimensão grupal implica também os professores, pois todos vão utilizar o mesmo texto em suas respectivas matérias. Isso lhes dá um meio de reforçar ou de implantar um trabalho em equipe capaz de facilitar a ligação entre as disciplinas, bem como uma reflexão sobre a prática pedagógica. Essas ligações e essa reflexão devem ser vistas como inevitáveis diante dos níveis heterogêneos da escola secundária única.

De imediato a história da *Viagem ao centro da Terra** permite aos jovens em situação de aprendizado identificarem-se facilmente com o herói: é contada na primeira pessoa por

---

* Obra do francês Júlio Verne. (N.E.)

um adolescente curioso e culto que deseja saber muitas coisas, mas tem medo de aprender... Diga-se, aliás, que as razões para a impetuosidade de seu tio – contradizer as teorias dos eruditos em voga na época sobre a temperatura do núcleo terrestre – são um bom motivo de preocupação para esse adolescente. Seria verdadeiro o aumento de um grau a cada 70 pés de profundidade sob a superfície do globo? Em todo caso, isso não é demonstrado. "É preciso experimentar", diz o tio.

Essa descida às entranhas da Terra imposta a Axel contra sua vontade logo toma ares de um retorno às origens da curiosidade e de uma viagem iniciática. As grandes questões, que voltam com força na adolescência, sobre as origens, o papel do pai, a submissão à autoridade, o desarranjo dos sentidos, a utilidade dos saberes etc..., estão presentes ao longo de todo o romance e são reforçadas por incidentes dramáticos que enriquecem a viagem. Depois de quase ter morrido de sede, Axel vai se perder, sozinho, na rocha, e escapar por muito pouco de relâmpagos, afogamento, lava, um réptil pré-diluviano...

Essas figurações dos medos arcaicos são belamente utilizadas por Júlio Verne para mostrar que o conhecimento e a reflexão, principalmente quando abordados por várias pessoas, protegem e dão segurança. O autor aproveita os instantes em que a angústia chega ao seu ápice para iniciar o leitor em temas tão variados quanto o alfabeto das runas, a geologia, a geografia, a paleontologia, a hidrologia... As grandes leis da física e da matemática são utilizadas para calcular as distâncias e as profundidades, explicar o funcionamento dos instrumentos de identificação e das armas, e também para sair das dificuldades inesperadas.

O autor parece ter encontrado o caminho que permite a passagem da curiosidade primária para os saberes mais elaborados. É muito tentador querer levar os alunos por esse caminho.

Essa pedagogia em torno de um tema não seria, apesar de tudo, antinômica em relação ao programa, principalmente no que diz respeito à matemática?

Para proceder assim, é necessário apenas que cada um tenha em mente as linhas principais do programa, as noções a dominar, as etapas importantes pelas quais se quer fazer os alunos passarem durante o ano.

O tema por certo impõe às vezes a mudança da ordem das aquisições, mas não impede de modo algum o rigor. Os professores podem facilmente verificar o seguinte: os alunos interessados que finalmente conseguem dar sentido aos saberes propostos, os alunos que experimentam, são muito mais disponíveis e têm mais chances de cumprir o programa. Quanto à matemática, ela também faz parte da vida, inscreve-se nas preocupações humanas e é uma pena esquecê-la. Um romance como *Vinte mil léguas submarinas*, escolhido por todos os professores de uma mesma turma, participantes de um grupo de reflexão (ver capítulo 10), trata permanentemente de noções de tempo e de espaço, de distâncias percorridas, de referenciais. Oferece numerosas e variadas possibilidades de abordar, tratar e, principalmente, experimentar e imaginar todas as noções-chave do programa de matemática, de todas as turmas do ensino médio.

Contrariamente ao que se poderia acreditar, é muito fácil estabelecer ligações entre a matemática e a literatura. A divisão, por exemplo, é uma operação de abordagem ☞

delicada com os alunos do ensino básico. Todos sabem disso. Certamente é esse o motivo de haver tantas polêmicas para decidir em que nível deve ser colocada em nossos programas.

Afirmo com convicção que, se nos déssemos ao trabalho de ilustrar essa operação com uma sucessão de narrativas em que se trata de fracionar, recortar, separar, a fim de chegar a uma partilha, tudo seria muito mais fácil. Não importa se desigual ou injusta, como tantas vezes o são as heranças nos contos ou textos religiosos, poderíamos levar as crianças do primeiro ano do ensino básico a compreender o sentido dessa operação. Teríamos também muito mais facilidades para fixar as bases de uma técnica operatória muito complexa, nem sempre dominada por um em cada cinco alunos quando de seu ingresso no primeiro ano do ensino médio.

7 POR QUE CONTAR HISTÓRIAS ÀS CRIANÇAS? COMO SE PROCESSA A MUDANÇA?

O surgimento da ideia

Desde o início da minha carreira de professor e, depois, de psicopedagogo, conto, ou melhor, leio histórias para crianças e adolescentes que me são confiados. Essa ideia me ocorreu de modo absolutamente acidental: um dia, perdi o controle do meu grupo de alunos. Não conseguia mais fazê-los trabalhar; diga-se, aliás, para me justificar, que todos tinham sérios distúrbios de comportamento. Sem mais argumentos e para não deixá-los escapar pelos corredores da escola, comecei a contar histórias. No começo propus contos; depois, mitos.

Para minha grande surpresa, constatei as virtudes mágicas dessa leitura. Ela acalmava os alunos, mantinha-os juntos, oferecia-lhes temas para intercâmbios e conversas. Essa leitura criava incontestavelmente uma dimensão grupal com essas crianças, que até então não conseguiam de nenhum modo suportar um projeto em comum.

Nem por isso eu estava tranquilo. Era pago para realizar um trabalho de professor e tinha em minha turma alunos com profundas dificuldades para obter o domínio da leitura e da escrita. Ao ler-lhes histórias, tinha a impressão de fazê--los perder tempo. De não fazer o trabalho para o qual era pago. Em minha mente, eu não estava longe de uma falha profissional. Quando de minha formação, haviam explicado na faculdade que a leitura de histórias pelo professor podia ser interessante, no final da tarde, na hora do recreio, como recompensa quando os alunos tivessem trabalhado bem. Mas começar o dia com uma leitura para alunos que nem sequer tinham começado as atividades de aprendizagem! Sentia-me pior ainda ao observar que, durante várias semanas, não conseguia fazer outra coisa senão ler e fazer os alunos falarem.

Cada vez que eu dizia: "Peguem seus cadernos, sejam bonzinhos. Li uma história, e vocês já fizeram seus comentários. Agora vamos fazer um exercício de escrita ou de matemática", eles ameaçavam ir embora. Sentia-me então condenado a ler, reler e ler mais ainda para que aceitassem ficar na classe e não me desmoralizassem diante dos meus colegas e da diretora da escola. Todos os professores sabem que não há nada pior, nada mais vexatório, do que não conseguir manter os alunos numa sala de aula...

Felizmente, após as semanas em que me senti submetido à ditadura do grupo, tive uma ideia que me levou a recuperar a identidade profissional. Simplesmente notei que, se apresentasse a lição de leitura ou de matemática do programa apoiando-me na história que acabara de ler, tudo funcionava melhor.

Por certo que o aprendizado não se dá de uma hora para outra, de modo mágico. Mas um exemplo tirado de um conto ou de um mito a fim de dar a entender o sentido de uma operação, ou explicar uma regra gramatical, mostrava-se mais eficaz. A boa vontade e o desejo de participar cresciam visivelmente entre os alunos. Essa observação ganhava para mim o sentido de uma verdadeira descoberta. A partir disso comecei a ver de outro modo a cultura na escola...

A cultura não é a cereja do bolo, o "algo mais" que acrescenta uma camada de verniz a nossos programas; é antes um ingrediente importante e indispensável para ligar entre si os elementos do conhecimento.

Convencido dessa descoberta, nunca abri mão dessa alavanca para apresentar os saberes que queria transmitir. Sempre me servi dessa alimentação cultural e do debate que ela desencadeia para fazer germinar as questões que permitem cumprir com muito mais facilidade e naturalidade as exigências do programa.

Quando leio histórias para meus alunos, nunca é para distraí-los ou fazê-los passar um momento agradável. Faço isso com uma intenção específica e um projeto preciso: facilitar a transmissão dos saberes.

Esse procedimento pode parecer estranho. Como acreditar de fato que a leitura de histórias possa se tornar um antídoto para a dificuldade de aprendizado? Por que e como os que necessitam principalmente de treinamento suplementar para reforçar bases, por que esses alunos que precisam de rigor e pressões para cultivar o gosto pelo esforço, por que conseguiriam eles fazer avanços graças a uma história que só escutam, sem que eles próprios a leiam?

Por que a escuta passiva de uma leitura pode ajudar aquele que não compreende nada de multiplicação? Aquele que não consegue memorizar os fonemas que permitem o saber ler? Aquele que não consegue respeitar as regras de ortografia? A lista pode ser longa. Quando se lê uma história, por qual mecanismo o aluno vai aprender melhor?

Não estaria eu em plena ilusão? Contar uma história para que uma criança durma, tudo bem. Para agradá-la, certamente. Para informar sobre a vida, talvez. Mas para pôr de novo em movimento a capacidade de aprender? Para desencadear os meios de compreensão? Difícil de conceber! No entanto, pude verificar isso ao longo da minha carreira não somente uma vez, mas dezenas e dezenas de vezes: a leitura, quando a faço eu mesmo em voz alta ao longo de vários meses, produz efeitos muito positivos na situação de aprendizado dos meus alunos. Essa leitura saneia o ambiente de uma sala, favorecendo a relação entre o professor e os alunos; permite sistematicamente o encontro, mesmo com os mais resistentes ao aprendizado, mesmo com os que desenvolveram graves distúrbios de comportamento na sala de aula. Além disso, essa leitura cria no grupo de crianças um movimento de coesão muito favorável ao aprendizado. Esse movimento é a base para uma melhora visível e avaliável dos desempenhos individuais, tanto entre os melhores alunos como entre os não tão bons.

As três etapas da mudança

Para não ficar numa constatação que possa parecer relacionada à magia ou ao ato de fé, vou procurar descrever com o maior rigor possível as etapas dessa mudança, tal como a observo. Como se verá, essas etapas são facilmente observáveis e bastante lógicas, tanto em seu desenrolar como em seus efeitos.

São três: em primeiro lugar, recuperar o interesse pela escuta; em seguida, restaurar as capacidades reflexivas e permitir a retomada de contato com o mundo interno; e, por fim, recuperar o desejo de saber para enfrentar o rigor do aprendizado, desprendendo-o das preocupações pessoais.

Essas etapas compreendem os três estímulos principais que o professor deve buscar para lançar mão da leitura com fins pedagógicos. Elas ajudam a lutar contra os três grandes defeitos quase sempre apresentados pelas crianças inteligentes que não atingem o domínio dos saberes fundamentais: não escutar, não refletir, não generalizar.

Primeira etapa: o retorno do interesse e da escuta

O êxito dessa primeira etapa repousa sobre a mobilização possível por parte dos alunos de uma energia colocada a serviço da escuta.

Essa mobilização pode parecer acessória. Na verdade, é primordial, pois o primeiro defeito dos que não aprendem é justamente não escutar quando se fala com eles, principalmente quando estão em grupo. As palavras do professor dirigidas à classe são ouvidas como ruído de fundo por certos alunos em falência escolar; há também os adolescentes que, depois de oito ou dez anos de escola, percebem a palavra dos professores com um blá-blá-blá sem significado...

Todo mundo sabe disso, todos os professores já notaram, mas, reconheçamos, nunca verdadeiramente tiramos as conclusões que essa observação impõe. Nunca modificamos a situação de aprendizado a fim de responder a esse desafio lançado por esses alunos, cada vez mais numerosos, que não conseguem ser atentos.

As teorias sobre os distúrbios da atenção floresceram nos últimos anos, mas as propostas para tratá-los, para reduzi-los, afora os medicamentos ou os exercícios psicomotores conhecidos há anos, não mudaram. Não criamos nada de novo nesse sentido.

O mesmo acontece no tocante aos distúrbios de leitura. Com o desenvolvimento da neuropsicologia e a utilização da tomografia para acompanhar a atividade do cérebro no momento do aprendizado, enormes progressos foram alcançados na descrição dos distúrbios. A observação, o diagnóstico, a avaliação das competências instrumentais são claramente mais exatos e muito mais científicos. Mas depois desse balanço, por mais rico e preciso que seja, ficamos particularmente decepcionados com propostas para tentar reduzir esses distúrbios. Quando se convive durante vários anos com crianças com dificuldades para aprender a ler e a escrever, é difícil suportar essas "técnicas paliativas" apresentadas como novidade: na verdade, não passam de velhas técnicas reeducativas, remodeladas e adaptadas ao gosto do momento, técnicas conhecidas há muito tempo, de efeitos, como sabemos, muito limitados.

Obtemos resultados pífios com nossos alunos mais resistentes, penamos para inventar novas técnicas de transmissão porque muitas vezes negligenciamos a única força capaz de resolver esse problema: a recuperação do interesse.

Para transmitir uma mensagem, é preciso em primeiro lugar buscar o interesse de seu destinatário. Essa regra de ouro da pedagogia, conhecida desde os primórdios, torna-se hoje uma necessidade absoluta para fazer funcionar uma classe em que haja crianças que contam apenas com a agitação ou o adormecimento para escapar do tédio...

Mas, como bem o sabemos, não é fácil obter o interesse daqueles cuja atenção foge assim que deixam de ser solicitados sobre preocupações pessoais. Essa exigência pode, com razão, assustar os professores.

Como enfrentar os alunos cujo desejo de saber necessita de algo sensacional para ser despertado? Como solicitar a curiosidade dominada por preocupações arcaicas ou desejos infantis e manter o rigor necessário para a transmissão de conhecimentos fundamentais? Isso não seria incompatível com o papel e a função do professor?

A cultura oferece justamente os meios de resolver esse dilema. Vamos ver como é possível, pela leitura de contos e mitos, por exemplo, favorecer que um pensamento submetido a sensações e emoções se transforme em pensamento interessado em ligações e regras que organizem os saberes.

As narrativas propostas na mitologia e nos contos não temem ir buscar as crianças no ponto em que se detiveram, sem, contudo, cultivar a complacência com o emocional. Ao mesmo tempo que mobilizam o interesse pelo afeto e pelo pulsional, essas narrativas proporcionam uma regra de vida, uma lição de moral, uma sugestão sobre o modo como poderia ser resolvido um problema etc.

É certo que ainda não estamos, nessa primeira etapa, diante de um desejo de saber ou de compreender que o professor pudesse imediatamente recuperar para abordar a gramática ou a matemática. Estamos ainda num estágio anterior, em que as crianças se deixam envolver por uma história que lhes prende a atenção, pois esta dá movimento, forma e rumo a suas preocupações. Essa colocação de suas preocupações em palavras e em discurso nos leva à segunda etapa trazida pela leitura: permite dar segurança ao mundo interior e enriquecê-lo.

É possível utilizar a mitologia grega na escola básica? Não seria esse um mundo demasiado complexo para crianças com um vocabulário pouco adaptado?

A melhor maneira de entrar na mitologia, quando desejamos lê-la para crianças, é a partir da história de um herói ou de um deus: ela nos fornece imediatamente os estímulos de identificação que permitem mobilizar o interesse, principalmente se nos ativermos a mostrar – o que é preciso fazer – as condições particulares, em muitos casos, do nascimento e da infância desse herói ou desse deus.

Vejo também uma segunda boa razão para esse modo de proceder. Se o adulto, leitor dessas histórias, não é especialista em mitologia, também ele precisa de parâmetros para se orientar num mundo e numa genealogia por vezes complexos. A narrativa do herói oferece também ao adulto um fio condutor, que lhe permite abrir progressivamente as portas da história, reestabelecer os elos entre as personagens e reencontrar a cronologia que os grandes autores muitas vezes dispersaram.

Nesse sentido, aconselho o livro de Muriel Szac *Le feuilleton d'Hermès*,[1] que pode facilmente ser lido em voz alta para as crianças da escola primária. A gravidade e a ☞

[1] SZAC, Muriel. *Le feuilleton d'Hermès*; la mythologie grecque en 100 épisodes. Bayard Jeunesse, 2006. [Não encontramos edição em portu-

complexidade das relações humanas, tal como relatadas pelos mitos, são abordadas em linguagem simples e especialmente metafórica. Seu uso é muito mais fácil que o do livro de Jean-Pierre Vernant em que ele narra a mitologia grega para o neto.[2]

Quanto a isso, é preciso, aliás, lembrar uma evidência. Se quisermos mobilizar o interesse, é indispensável adaptar a leitura ao público. Os textos mitológicos oferecem a vantagem de uma palavra poder ser mudada ou completada por uma perífrase que a explique sem que isso constitua um problema. Não esqueçamos que esses textos são reescrituras de reescrituras: o importante nesse ponto é não perder o fio da história, não quebrar a força dramática da narrativa transformando-a em lição de vocabulário.

Por certo que o recurso a passagens provenientes de autores como Homero, Hesíodo, Ovídio, pode vir utilmente completar a leitura (para fazer um trabalho escrito ou aprender de cor uma passagem, por exemplo), mas não permite esse arranjo. Afora, portanto, esses grandes textos, ao fazermos um esforço de adaptação, logo constatamos que os temas tratados tanto na mitologia grega como nas mitologias do mundo todo tocam as crianças de todas as idades.

---

guês. Sugestão para substituir: *Deuses e heróis*: mitologia para crianças, de Dad Squarisi. (N.E.)]

2 VERNANT, Jean-Pierre. *L'univers, les dieux, les hommes*; récits grecs des origines. Seuil, 1999. [Ed. bras.: *O universo, os deuses, os homens*. São Paulo: Cia. das Letras.]

☞ Ouvir falar das origens, dos conflitos entre gerações, de amor, das contradições humanas ou da morte, pode ser apaixonante desde a escola maternal.

Segunda etapa: dar segurança e enriquecer o mundo interno

Ao levar imagens e colocar preocupações em palavras, a leitura, enfim, permite a proximidade e a tolerância de preocupações e contradições que até então rapidamente se transformavam em agitação ou bloqueios diversos. Essa alimentação vai dar aos alunos a possibilidade de se voltarem para si mesmos, para fazerem uma elaboração mais serena. Essa nova possibilidade, a de se voltarem para si mesmos, é de grande importância, e é sobre ela que repousa a esperança de uma retomada do pensamento.

No dia em que quisermos verdadeiramente reduzir o fracasso escolar, será de fato necessário crer nesse restabelecimento da dimensão interior, pois o segundo ponto fraco dos que não aprendem após a escuta intermitente é justamente o de não se poderem apoiar em suas capacidades reflexivas para aprender. Eles não conseguem fazer normalmente, ou melhor, serenamente esse retorno sobre si mesmos, implícito em toda aprendizagem, se este não se der nem pelo ver nem pelo ouvir.

Quando o saber a ser adquirido exige que se façam ligações ou transformações, quando esse saber se confronta com a produção de hipóteses ou pesquisas, as crianças que não dispõem dessa dimensão interior se esquivam. Muitas vezes esse esquivar-se vem acompanhado de estratégias antipensamento cada vez mais eficazes com o passar do tempo.

Por que isso? Por que alunos inteligentes não colocam em movimento sua reflexão, o principal móvel do aprendizado? Duas forças parecem se conjugar para impedi-los de fazer esse retorno sobre si mesmos. A primeira é uma debilidade da capacidade imaginativa, que é capacidade de produzir imagens interiores. A segunda é a chegada quase instantânea de um forte sentimento de frustração quando do confronto com a incerteza.

Existiria alguma ligação entre essas duas insuficiências? Seria a chegada muito rápida dos sentimentos de frustração que parasitam e freiam a função imaginativa? Ou, ainda, a irritação e a agitação dessas crianças ocorreriam devido a uma produção de imagens demasiado fraca para iniciar a atividade intelectual? Esta última é, aliás, uma das hipóteses mais verossímeis para explicar a hiperatividade.

No fundo, porém, pouco importa. Há demasiada interferência entre essas duas causas para que se tente separá-las. Só podemos ter certeza de uma coisa: essas duas forças se conjugam para produzir as duas deficiências mais imobilizantes para o aprendizado.

Por um lado, levam a uma produção de imagens nem suficientemente rica, nem suficientemente variada, nem suficientemente distanciada das emoções para alimentar as representações que dão sentido ao saber, em especial quando se trata da leitura e do cálculo.

Por outro lado, tais forças transformam o tempo de elaboração em tempo de desorganização. Assim que surge a dúvida, os encadeamentos param, tornam-se caóticos e devem coabitar com ideias de insuficiência ou de onipotência.

Os professores, aliás, identificam com rapidez nessas crianças ideias de autodesvalorização e de perseguição. Essas ideias florescem essencialmente no tempo de suspensão reservado à pesquisa e vêm quebrar o fio da atividade reflexiva.

A única solução para sair desse impasse está em ajudar os alunos a ganhar segurança e enriquecer seu mundo interior. Deixemos de fazer crer aos professores que esse objetivo é reservado aos psicanalistas e aos educadores: isso é totalmente falso. Com a cultura e a linguagem, é justamente os professores que dispõem das duas alavancas de melhor desempenho para realizar esse trabalho.
Quando a transmissão cultural se associa ao exercício da linguagem, não há ferramenta mais eficaz para desenvolver o mundo interior.

Vamos parar de dizer aos professores que se interessar pelas preocupações e inquietações de seus alunos não é de sua competência: com alguns desses alunos, se os professores não fizerem isso, o encontro nunca acontecerá. É claro que, se para fazê-lo tiverem que ouvir confidências de suas famílias ou seus hábitos de vida, já não estarão exercendo sua função. Se recorrerem a fatos diversos ou acontecimentos da atualidade, correm o risco de fracassar. Por outro lado, estão no lugar certo se, para se debruçar sobre as preocupações de seus alunos, encontram apoios provenientes da cultura e que o grupo pode debater, apoios que poderão levar a questionamentos propícios à transmissão dos saberes.

Essa mediação cultural restringe-se às obras literárias? O cinema, a música, a pintura... seriam utilizáveis com a mesma finalidade pedagógica?

Se tanto valorizo a utilização das obras literárias, é porque a leitura em voz alta pelo professor é essencial nesse procedimento. Ela oferece uma vantagem inegável sobre as outras mediações: obriga as crianças a produzirem imagens a partir das palavras ouvidas. O enriquecimento do mundo interior repousa em muito sobre esse modo de solicitar as crianças.

Por outro lado, após essa primeira etapa, completar a leitura com a visita a uma exposição, uma audição de música, a projeção de um filme etc. pode ser muito importante. Esse seria certamente um meio de completar, de reforçar, de fixar o trabalho psíquico que as crianças iniciaram durante o tempo de leitura do adulto.

Terceira etapa: universalizar as preocupações

É nessa etapa, quando os fios entre o interior e o exterior começam a poder ser tecidos, que a terceira alavanca fornecida pela leitura desempenha seu papel.

Após o despertar da escuta e a ativação do interesse, após a domesticação do mundo interior, a história lida deve permitir a universalização das preocupações. A leitura deve ter por ambição ampliar essas preocupações e separá-las do particular, dando meios para ir na direção do geral. Essa é a condição para que se comece a aceitar a pressão do aprendizado.

De fato, o terceiro ponto em comum dos que tropeçam diante dos saberes fundamentais é não poderem se distanciar das preocupações pessoais e inseri-las num olhar mais universal.

Essa atitude é um grande freio para a passagem ao simbólico. Essa incapacidade de se distanciar do pessoal ou do afetivo mantém o pensamento no egocentrismo e no sincretismo, impede a sublimação da curiosidade.

Essa é a razão pela qual, para superar essas três etapas, acredito muito na leitura dos textos ditos fundamentais sob a forma de contos, mitos, epopeias, fábulas, e até mesmo períodos de nossa história, quando são romanceados.

A vantagem desses textos é a de responder à curiosidade primária em que o infantil e o sexual sempre ocupam um lugar privilegiado, ao mesmo tempo que funcionam como trampolim para dela se desprender (ver "O papel do texto fundamental", capítulo 6). Esses textos abrem vias de passagem de uma curiosidade ainda dependente de circunstâncias afetivas para um desejo de saber que começa a querer buscar coerência, diferenciando as causas e as consequências, colocando ordem e cronologia no que é ouvido.

Quando o texto fundamental trata das origens, da sexualidade, da lei, do desejo, da morte, é sempre para iniciar uma reflexão sobre a organização do grupo social. É sempre para levar à procura de soluções que permitam tratar das forças contraditórias que cada um traz em si. É disso que as crianças precisam para se reconciliarem com o aprendizado.

Falar para estruturar o pensamento, graças a essas etapas da mudança

De fato, para que essas três etapas tenham efeito, para que as novas representações trazidas pela leitura possam se introduzir e se estruturar, é preciso dar às crianças a oportunidade de expressá-las pela palavra.

É na troca com o outro, no confronto dos pontos de vista, no debate e na procura de argumentos que o pensamento se organiza e se estrutura.

Após a leitura diária é preciso, portanto, sempre reservar um tempo para a palavra e para o intercâmbio. Esse é o momento em que cada um pode colocar ordem no que ouviu e compreendeu à luz do que foi ouvido e compreendido pelos outros.

Concluindo

Há três razões principais para a falência escolar de crianças inteligentes diante de saberes fundamentais:

- Elas não ouvem quando lhes falam, agitam-se ou adormecem rapidamente no momento em que deveriam aprender.
- Não se apoiam em seu mundo interior e desviam-se da utilização da capacidade reflexiva, resvalando muito rapidamente em ideias de desvalorização e de perseguição.
- Não conseguem relacionar sua história às histórias dos outros, permanecendo em consequência disso num pensamento egocêntrico.

Essas três atitudes de alunos inteligentes em situação de falência explicam por que nossa pedagogia, que valoriza principalmente o treino suplementar e a restauração do instrumento quando há dificuldades, esbarra em percentuais significativos de irredutíveis.

Se em nossa escola dedicássemos todos os dias trinta minutos à leitura de textos fundamentais e mais trinta minutos à organização de um verdadeiro exercício da palavra, em alguns anos diminuiríamos pela metade, com o apoio da alimentação cultural, o número de alunos considerados intocáveis...

Esses princípios de pedagogia não estariam muito marcados pela psicanálise? Ao segui-los um professor não correria o risco de cair no psicologismo e de perder sua identidade de pedagogo?

Sejamos sérios. Quando um professor se apoia na cultura para interessar e alimentar seus alunos, para fazê-los falar e dar sentido aos saberes, como preconizo, como poderia ele perder sua identidade de pedagogo? Ao contrário, gostaria que alguém me explicasse um dia onde está a identidade de um professor quando ele se contenta em transmitir o programa de modo clássico numa classe em que um quarto dos alunos não tem as bases para recebê-lo e nem mesmo o escuta, como acontece com bastante frequência.

Por outro lado, compreendo que essa explicação para a dificuldade de aprendizado possa ser inquietante e faça temer a deriva psicológica. O bloqueio do raciocínio, o medo de aprender, a desestabilização identitária, os ☞

temores arcaicos, a fobia ao tempo de suspensão, nada disso faz parte do vocabulário pedagógico. Essas noções são de fato emprestadas da psicanálise. Se preciso utilizá-las, é porque dão coerência e sentido a minhas observações, porque explicam os comportamentos, os bloqueios com os quais me vi confrontado todos os dias. Além disso, levam a uma visão da falência escolar muito mais estimulante para mim do que os eternos limites das capacidades ou a insuficiência de treino, que levam ao impasse duas em cada três crianças.

Os partidários dessa visão simplista da falência escolar carregam uma pesada responsabilidade pelo desconforto dos professores. Eles os incentivam a procurar sua identidade de pedagogo numa paródia do aprendizado...

Seria preciso uma formação específica para ensinar segundo essa pedagogia?

A formação de professor é suficiente. Saber estabelecer pontes entre as noções-chave de um programa e um tema, neste caso trazido pela leitura de uma história, está ao alcance de um professor iniciante: se quisermos que a situação mude, é preciso parar de complicar tudo e de fazer os professores acreditarem que não têm formação necessária para isso.

Estou convencido de que a melhor das formações para realizar esse trabalho repousa sobre a reflexão conjunta, isto é, o intercâmbio regular sobre a prática, entre colegas (cf. capítulo 9).

8 A COSMOGONIA PARA SOCORRER OS MAUS LEITORES

Crer no papel primordial da capacidade imaginativa para o aprendizado da leitura

O melhor conselho a dar a um professor que se encontre diante de crianças ou adolescentes que resistam ao aprendizado da leitura é fazê-los confrontar o caos, o incesto e o parricídio. Dito de maneira abrupta isso pode surpreender. E, já que o assunto é esse, por que também não falar em pedofilia?

Insisto: o leitor verá que não há nada de escabroso nesse processo cuja primeira ambição é ir buscar socorro na leitura, a fim de despertar e reforçar nos maus leitores a capacidade imaginativa que com frequência lhes falta.

Sustento que é preciso prioritariamente ajudá-los a pôr em movimento e fazer funcionar a capacidade de produzir imagens diante das palavras lidas. Quase sempre é essa insuficiência que os impede de abordar com eficácia o aprendizado da leitura.

Para verificar: uma experiência a ser feita em classe

Para verificar a validade dessa proposta, proponho aos professores que tentem a seguinte experiência, que pode ser realizada em uma classe comum com facilidade e sem nenhum perigo. De um lado, ela apresenta a vantagem de manter quase a mesma organização habitual da classe, o que é tranquilizador para todos. De outro, é muito eficaz para movimentar o interesse e o desejo de saber dos melhores alunos, o que nem sempre é um luxo.

Essa experiência visa principalmente a colocar em discurso e palavras as emoções que com muita frequência parasitam os maus leitores quando se lançam a atividades de deciframento. Essa hipótese é para mim a mais verossímil para explicar as dificuldades espantosas e às vezes insuperáveis que certas crianças inteligentes encontram para conseguir o domínio da palavra escrita.

Essa parasitagem conduz a dois tipos bem diferentes de comportamento. São fáceis de serem observados quando se encontra regularmente esses alunos: ou eles prosseguem em seu esforço com o pensamento infiltrado de ideias de afeto, o que acarreta riscos de confusão e transtornos diversos; ou evitam esses sentimentos parasitas, fugindo da passagem para o mundo interior, privando-se, assim, do principal estímulo para aprenderem a ler: a interação entre o deciframento da palavra e a descoberta de seu sentido.

Nos dois casos, o aprendizado da leitura é consideravelmente freado. Podemos estar certos de que só pode ser posto de novo em movimento por meio da redução das emoções que se infiltram no pensamento durante o tempo de incerteza e de pesquisa.

Para o bom desenvolvimento dessa experiência, sugiro quatro tempos:

- *Primeiro tempo*: buscar relatos extraídos de textos fundadores de nossas civilizações e religiões, que abordem de maneira metafórica histórias que evocam o caos, o incesto e o parricídio. Selecionar três. A margem de escolha é grande, pois os textos que servem de base para a explicação da criação do mundo, da origem dos deuses ou dos homens, de qualquer sociedade, nos colocam quase sempre diante desses assuntos. Tenho preferência por textos da mitologia grega, egípcia e nórdica, mas é perfeitamente possível encontrar referências nas mitologias asiáticas, africanas, centro-americanas...
- *Segundo tempo*: ler esses textos em voz alta aos alunos, em duas sequências diárias, de oito a dez minutos cada uma, durante cerca de quatro semanas.
- *Terceiro tempo*: aproveitar a riqueza desse aporte para fazer os alunos falarem, em grupo de doze mais ou menos; mais precisamente, fazê-los relatar, trocar ideias e debater. Fazer isso desde a leitura do primeiro texto. Os grandes não leitores costumam ser reticentes ou encontrar dificuldades diante da expressão oral. Às vezes, é necessário prever para eles uma etapa intermediária que privilegie o desenho ou a mímica, para em seguida chegar a um intercâmbio verbal mais rico.
- O *quarto tempo* nos conduz a uma pedagogia mais clássica; trata-se de utilizar esse aporte de representações, essa estimulação da capacidade imaginativa para fornecer palavras, nomes próprios e frases que sirvam de suporte para o trabalho técnico necessário ao aprendizado da leitura. Nessa fase, cada

professor pode perfeitamente adotar o método de sua preferência para o ensino da leitura.

Realizando essa prática durante mais ou menos um mês, os professores poderão verificar que esses textos propiciam um estímulo extraordinário para a mobilização das capacidades de aprendizado dos alunos mais renitentes. Ouso até mesmo dizer que esse estímulo permite melhorar capacidades puramente instrumentais, como a memória imediata ou os parâmetros visuais daqueles que, por vezes um pouco apressadamente, são denominados disléxicos.

Não haveria o risco de um texto que trate de incesto e parricídio despertar em crianças já perturbadas sentimentos que os professores não estariam preparados para lidar, uma vez que não tiveram formação para isso?

Ao contrário do que se possa crer, é utilizando textos desse tipo que os professores encontrarão menos reações inesperadas ou incontroláveis por parte de crianças perturbadas. Esses textos pertencentes a nosso patrimônio cultural falam de sentimentos e situações às vezes fortes e violentos, mas sempre com palavras e enredo que permitem às crianças produzirem suas próprias imagens e as ressituarem em um contexto de tempo e espaço diferente do delas próprias.

Esse distanciamento lhes permite dispor, embora as temáticas sejam próximas de suas inquietações, de um meio para elaborá-las e dominá-las. Para um professor, a situação mais delicada que possa surgir em sala de aula é justamente a provocada por crianças que expressam sua perturbação com gestos violentos ou com elementos de sua história pessoal ou familiar. É muito mais fácil para o docente se posicionar diante de um aluno que tem medo da violência de Cronos do que diante de um que evoca a violência de seu próprio pai.

É absolutamente espantoso pensar que um texto fundador, que retome temas em torno dos quais se construiu o espírito humano, um texto portador de imagens apresentadas por meio de palavras, possa perturbar nossas crianças, enquanto deixamos que parem diante da primeira banca de revistas e vejam ali dispostas uma profusão de fotos pornográficas que podem, isso sim, se introduzir na vida psíquica delas.

Quando é perigoso passar do perceptivo ao representativo

As razões para a mudança de comportamento observada em uma classe após essa experiência nada têm de mágico. Ao contrário, são lógicas e fáceis de compreender, como se poderá verificar.

Quando crianças inteligentes se bloqueiam diante do aprendizado da leitura, erramos ao crer sempre que estão em dificuldade de reconhecimento de sons ou de memorização. Na verdade, tropeçam com muito mais frequência na captação do sentido.

Quando nossas propostas educativas falham, é porque muitas vezes estamos lidando com crianças que suportam mal sair do registro perceptivo, em que lhes basta ver e ouvir para saber, para entrar no registro representativo, em que lhes é solicitado que recorram a suas próprias imagens a fim de dar um sentido àquilo que decodificam.

Para saber ler certamente é preciso ser capaz de reconhecer formas. Mas também é preciso poder admitir que duas coisas colocadas juntas, neste caso duas letras, não se somam, mas desaparecem, misturando-se, para formar uma terceira, neste caso um som.

Nessa operação mental, há uma perda de contato com a evidência, uma negação da percepção, o que é vivido como um questionamento por parte de crianças cujo mundo interior não é suficientemente rico ou seguro. Aliás, a partir do momento em que se lançam na alquimia interna imposta pelo exercício da leitura, elas se deparam com ideias ou emoções que sobrecarregam a função intelectual, parasitam-na e transformam num calvário a aprendizagem.

É de importância fundamental reconhecer esse tipo de transtorno, pois ele torna insignificantes os esforços pedagógicos que buscam exercitar ou enriquecer o instrumento.

Antes de tudo é preciso ajudar esses alunos a enfrentar o ressurgimento de medos e de emoções que se impõem em seu funcionamento intelectual, provocando a desorganização. Assim, eles vão recuperar o uso da capacidade de produzir sentido a partir das palavras lidas.

Libertar-se da confusão e aceitar as regras do grupo

Até o momento não encontrei nada mais eficaz para ajudá-los a lutar contra essa invasão do que a prática de ler para eles textos que tratam da origem do mundo e do surgimento do homem.

Certamente não é por acaso que as duas grandes etapas, imaginadas pela maioria das mitologias para explicar a cosmogonia, são comparáveis àquelas que o funcionamento da psique de qualquer ser humano deve percorrer antes de poder dispor de um pensamento que aceita o desvio pelo simbólico: em primeiro lugar, sair da confusão, separando os contrários e nomeando-os; em seguida, sair do egocentrismo, aceitando as regras do grupo e freando o desejo.

Também o leitor aprendiz deve transpor as duas etapas descritas nas cosmogonias

A primeira etapa descrita pela cosmogonia é a do caos, de seus efeitos sobre o espírito humano e o modo de sair desse caos graças ao surgimento do desejo.

Como se desprender do espaço indefinido, em que tudo se mistura e entra em choque, muitas vezes com um ruído ou um silêncio assustadores? Como recuperar o domínio dos sentidos a fim de não mais ficar surdo ou cego? Como manter o controle do espírito e escapar da dispersão e da sideração?

A primeira organização consiste em separar os elementos uns dos outros, em diferenciá-los, individualizando-os e nomeando-os. Em reuni-los em dupla de opostos: o céu e a terra, o fogo e o gelo, o dia e a noite, a água doce e a água salgada, o masculino e o feminino...

Essa distinção primária em dupla de opostos é o primeiro elemento organizador do pensamento, que também encontramos nos contos.

Ora, a dificuldade mais comum e mais resistente diante do aprendizado da leitura é a confusão visual ou auditiva das letras: não diferenciação do *a* e do *o*, do *b* e do *d*, do *u* e do *n*, do *f* e do *v*...

Por que ver nisso apenas uma falha de audição ou de visão? Por que também não considerar uma dificuldade para entrar no estado psíquico que requer o separar-se e o diferenciar-se para compreender o mundo?

A segunda etapa evocada pela cosmogonia produz um efeito decisivo para o acesso ao conhecimento.

A dualidade é transposta por meio da introdução de um terceiro termo: o surgimento da lei, com seus dois corolários, a proibição e a sanção.

O desejo é então pinçado entre a preocupação de realização e sua repressão, indispensável à sobrevivência do grupo. A partenogênese, o incesto, o assassinato do pai ou do irmão, bem como os atos fundadores indispensáveis no início da criação do mundo e que depois se tornaram contrários à ordem social. Tudo isso já não vai permanecer impune, já não vai trazer o gozo, mas sanção e remorso.

A evocação de sentimentos contraditórios se dá facilmente nas crianças, trazendo à tona as forças primordiais da natureza. A organização desses sentimentos em relatos bem metafóricos permite-lhes acessar com mais facilidade as ambivalências que nelas vivem, e também colocar em palavras os sentimentos que percebem em si mesmas, tão difíceis de conciliar.

Essa abordagem da ambivalência é o melhor estímulo para as capacidades psíquicas solicitadas no aprendizado da leitura. De importância fundamental, essa etapa permite entrar na comparação. Permite o interesse pelas diferenças e pelas semelhanças. As relações, os elos que unem os objetos entre si, tornam-se fontes de interesse e permitem sair de uma curiosidade apenas centrada no ver.

Essa segunda etapa é igualmente fundamental para a saída do individualismo. Ela completa o desejo de saber acrescentando o desejo de pesquisar e teorizar.

Note-se que, após a confusão das formas, a segunda falha das crianças que leem mal é não dominar as regras que organizam as relações entre as palavras.

Por que queremos aí ver principalmente uma falha de concentração ou uma insuficiência de memória imediata? Antes não seria essa uma preocupação em se agarrar a seu próprio ponto de vista, devido a uma falta de prática e de solicitação para lidar com sentimentos contraditórios?

Essa segunda hipótese merece ser explorada, pois o acesso à função representativa continuará problemático enquanto o funcionamento psíquico não tiver ultrapassado o estágio de acesso à ambivalência, inerente ao ser humano.

Para concluir, retomarei a imagem já evocada a propósito dos métodos de leitura: o leitor aprendiz deve ser comparado àquele que aprende a andar. Assim como este último, ele mantém o equilíbrio e avança graças à passagem de um ponto de apoio a outro.

Como imaginar que sua posição pudesse ser diferente? Como poderia uma criança memorizar todos os sons, toda a complexa combinação que forma a base ortográfica da língua, se não pudesse se apoiar no sentido?

Sejamos razoáveis. O aprendizado da leitura repousa sobre um tratamento dual da informação recebida. Os dois tratamentos são indispensáveis, igualmente um e outro. Não só se completam como se reforçam e interagem mutuamente. O segredo da leitura está nessa dialética, e é absurdo querer reforçar o instrumento que serve para decodificar sem se ocupar daquele que serve para dar sentido.

O ponto em comum entre os maus leitores é justamente o de não terem conseguido uma interação benéfica. Alguns procuram interrogar o contexto sem decodificar a palavra, o que resulta numa leitura de adivinhação. Outros querem decodificar sem se interessar pelo contexto, o que os torna catadores de palavras.

Não é porque os exercícios que visam reforçar a consciência fonológica e exercitar a memória visual são mais fáceis de manejar e avaliar que não nos devemos dar ao trabalho de apresentar outros às crianças. O trabalho pedagógico entre os que têm dificuldade de aprender nos demonstra regularmente que o reconhecimento dos sons também repousa na melhora das competências culturais e linguísticas.

Exercitar as crianças para a produção de imagens a partir da palavra "escrita" pode desempenhar um papel preponderante na luta contra o iletrismo. Entendamos isso para não ceder uma vez mais à ilusão redutora.

É fácil convencer os pais da adoção desse procedimento? Não temem eles que o filho se atrase em relação ao programa?

Por que os pais haveriam de se opor a um procedimento que conta com os efeitos positivos de um aporte cultural para transmitir o saber?

Ao contrário, quando constatam o interesse do filho por aquilo que se passa na sala de aula, é fácil conseguir aliados. Com essa prática, sempre me senti apoiado pelas famílias. Elas encontram muito mais facilidade para desempenhar seu papel educativo com o aumento da informação cultural, mais do que quando se tornam repetidoras ou verificadoras de exercícios de gramática ou de cálculo.

Por certo que esse procedimento, assim como os outros, lhes deve ser explicado. Convém principalmente lhes demonstrar que não se opõe ao rigor, que não é sinônimo de "deixar passar" nem de abandono de exigência.

Insisto: deixemos de dar prioridade aos programas, aos inspetores e às famílias para justificar o imobilismo de nossos procedimentos pedagógicos. As dificuldades a serem abordadas não se encontram aí.

Por que a alimentação cultural?

Ir em busca do interesse

- ✓ Propondo assuntos que permitam lidar com as raízes da curiosidade.

Enriquecer e dar segurança ao mundo interior

- ✓ Dando forma e conteúdo para as emoções que parasitam o funcionamento intelectual,
- ✓ Fornecendo novas representações.

Favorecer o debate argumentativo

- ✓ Dando ferramentas para confrontar o ponto de vista de um com o dos outros.

Revitalizar os saberes

- ✓ Ressituando-os num texto que se torna para o grupo uma cultura em comum,
- ✓ Favorecendo o questionamento que vai permitir que ganhem sentido.

Figura 8.1. Os quatro pontos fortes da alimentação cultural.

Por que exercitar o debate?

Reforçar o interesse pelo texto

✓ Confrontar a compreensão do aluno com a dos outros, por meio do intercâmbio e da escuta.

Exercitar o processo reflexivo

✓ Fazendo que coloquem em palavras as representações,

✓ Pressionando para que argumentem e deem exemplos a fim de que afirmem seus pontos de vista.

Permitir que associem sua própria história à dos outros

✓ Oferecendo meios para que se desprendam do pessoal e sigam rumo ao universal,

✓ Encorajando a construção de uma reflexão coletiva.

Abrir novas portas para o saber

✓ Conectando com as questões fundamentais,

✓ Fazendo do saber uma preocupação do grupo,

✓ Favorecendo a passagem para a abstração.

Figura 8.2. Os quatro pontos fortes da prática do debate.

PARTE 3

COMO ENFRENTAR A CONTESTAÇÃO?

O PAPEL DO TRABALHO EM EQUIPE ENTRE PROFESSORES

9 A REFLEXÃO CONJUNTA É A MELHOR ORGANIZAÇÃO

Por que refletir em conjunto?

Convidar os professores para a experimentação, lutar contra os riscos do isolamento, procurar a interação entre os saberes, ajudar-se reciprocamente diante dos problemas de relacionamento, empreender projetos em comum, resistir ao contágio da agressividade e do sentimento de culpa...

> Jamais uma organização, por mais brilhante que seja, substituirá os benefícios da reflexão conjunta entre professores para melhorar a eficácia de suas ações. Nenhuma escola, nenhum colégio, nenhum estabelecimento de ensino deveria funcionar sem que organizasse uma reflexão semanal entre profissionais a respeito das práticas pedagógicas.

Por meio do exemplo a seguir, veremos como, a partir do relatório de uma sequência pedagógica apresentada por um professor, outros professores acabam por colocar questões essenciais sobre seu ofício. Essa reunião dedicada à análise de práticas individuais costuma ser a etapa preparatória para um verdadeiro trabalho de equipe, que permitirá ir mais longe na associação entre os conteúdos disciplinares.

Antes, porém, de entrar no exemplo propriamente dito, parece-me interessante observar o efeito produzido pelos alunos que se abrem para o saber daquele que por certo foi o maior dos pedagogos: Platão.

Os melhores podem precisar

Os exercícios matemáticos terão como finalidade imediata a aplicação na vida prática: comércio, agricultura, navegação, arte militar...

A ninguém será permitido ignorar esse mínimo, caso se queira merecer ser chamado homem, não porco de engorda.

Quem poderia ter palavras tão ofensivas para aqueles cujo espírito não consegue colocar-se em marcha diante dos saberes de base? Contra toda expectativa, é justamente o grande Platão. O pai fundador da pedagogia moderna compara aqueles que "não conseguem ultrapassar a soleira do sensível para chegar a conceber e pensar o inteligível"[1] com animais, como ele bem o diz.

Como é possível escrever páginas tão belas sobre a fecundação do espírito e usar palavras tão violentas para com aqueles cujo espírito não se abre "para o grau mais elementar do conhecimento?".

Platão não é exceção à regra. Atrás do filósofo e do pedagogo, há também o homem. Com essa declaração brutal, ele nos mostra que o fracasso do desejo de transmitir pode ser vivido como uma afronta, uma humilhação da qual será preciso se refazer caso se queira prosseguir com algumas chances de êxito na missão de pedagogo.

---

[1] Platão. *A República.* Livre VII, 522c-525b.

O fracasso do professor, principalmente quando procura transmitir os rudimentos da aprendizagem a seus alunos, provoca nele uma frustração intensa. Diante dessa resistência, logo chega o sentimento de culpa, por não ser capaz de encontrar os meios de transmitir sua mensagem, e a agressividade para com aquele que não se abre o suficiente para receber essa mensagem.

Esse movimento duplo de sentimento de culpa e de agressividade tem como consequência o empobrecimento da reflexão sobre o ato pedagógico. Muitas vezes o professor, para não se questionar e não correr o risco da depressão, é levado a enrijecer sua atitude e a simplificar excessivamente seu discurso, o que cristaliza as oposições.

Sua atitude encoraja os mecanismos do evitar. As chances de recuperar o aluno vão se reduzindo quanto mais o professor quer fazê-lo endossar sozinho a responsabilidade pelo fracasso, enviando-lhe constantemente a imagem de suas lacunas e de suas incapacidades.

Note-se que o contato com os alunos mais difíceis traz surpresas, e até mesmo os professores mais experientes logo se veem desconcertados. Os bons sentimentos e as habilidades pedagógicas muitas vezes quebram-se em cacos diante de comportamentos aberrantes que despertam às vezes tais estratégias antiaprendizagem. Algumas delas são, aliás, muito elaboradas, muito hábeis e revelam-se às vezes de evolução muito mais rápida do que as remediações mais sofisticadas.

Como administrar as situações que fogem das leis habituais da transmissão de saberes? Como reatar o fio da relação humana antes que prosperem os desestímulos, as rejeições, as ideias de comunicação impossível que envenenam a atmosfera de algumas escolas?

Refletir juntos sobre a prática: a importância do exemplo

"Se a senhora acredita que é com essas notas que vou conseguir uma média mais alta..." Roni está furioso. Olha a professora diretamente nos olhos, amassando ostensivamente a lição que ela acaba de lhe devolver. Antes de ela ter tempo de dar uma resposta, ele se levanta de modo brusco e lança ao cesto de lixo o papel transformado em bola. Em seguida, aumenta a provocação fazendo um gesto de jogador de basquete e congelando a pose após o lance. Uma boa metade da classe o aplaude...

Depois de um silêncio de alguns segundos, em que cada um visivelmente ficou à espera da reação da professora, João foi o primeiro a falar. "Ele tem razão, professora. Os que trabalham são os que levam nota baixa. Vamos todos fazer como Sandra e Mário." Sandra e Mário não entregavam suas lições havia três meses e já nem eram notados. Vinham à aula irregularmente.

A professora envolvida nesse psicodrama não parecia surpresa com o que acabara de acontecer. Tampouco ficou desconcertada com o gesto provocativo nem com a reação de oposição e hostilidade da classe, que poderia deixar muita gente em pânico. A fim de restabelecer a calma e não começar com Roni um braço de ferro, que julgava inoportuno naquele momento, ela tentou uma explicação.

Lembrou à classe que aquele era um verdadeiro ditado de fim de curso, aplicado no ano anterior aos alunos que concluíam o ensino médio. Deliberadamente ela não o encurtara, tendo preferido apresentá-lo como haveria de ser no dia do exame.

Depois de se dirigir ao grupo, olhou para Roni e lhe disse que ele cometera 16 erros, alguns graves, e que sua nota não poderia ser maior do que aquela, pois dar uma nota mais alta seria iludi-lo. Verdade que essa nota não melhorava sua média, mas ela não queria tranquilizá-lo enganando-o.

A professora deu essa explicação calmamente, dirigindo-se à classe toda, mas olhando com frequência para Roni, que nada mais disse. Ele encolheu a cabeça entre os ombros, ajeitou seu material e ficou amuado até o fim da aula. Em resposta a João, mais secamente, ela falou-lhe que sua reflexão era imbecil, que ele não tinha senso de realidade. Não entregar as lições evitava por certo as más notas, mas era colocar-se de fora. Quem quer progredir, precisa aceitar ser julgado e tirar notas baixas, ela afirmou.

O tom dela foi por certo bastante persuasivo, pois a classe, depois de quase cair numa algazarra geral, acabou se acalmando. A aula pôde continuar: iriam fazer a correção do ditado.

Roni parecia acabrunhado. Com um olhar vago, não disse mais nada. Uns dez minutos depois, a professora o encorajou a continuar os esforços que vinha fazendo havia vários dias, dizendo-lhe que compreendia sua decepção. Também lhe disse que acrescentaria, assim como para os outros, três pontos à nota se ele fizesse a correção dos erros e que não puniria seu gesto de mau humor. "Que bom", respondeu Roni, num tom um tanto insolente. Ela não replicou.

Por fim, terminada a aula, Roni foi buscar sua lição no cesto de lixo. Faria a correção e tiraria uma nota maior. Estava frustrado, pois esperava passar de ano, apesar da média entre 7 e 8 e das falhas graves, principalmente em ortografia e em inglês, o que parecia incompatível com o prosseguimento da escolaridade geral.

As grandes leis dessa prática pedagógica singular

A mencionada professora nos relatou esse episódio de sala de aula num grupo de reflexão, no qual eu sou animador, sobre pedagogia, grupo cuja ambição é estudar os procedimentos pedagógicos favoráveis aos adolescentes escolares. Esse grupo reúne-se duas vezes por mês. Compõe-se de uma dúzia de professores de dois colégios de um mesmo bairro. Esses colégios fazem parte de uma zona denominada de educação prioritária; alegam alcançar a cada ano cerca de 50% de êxito na obtenção de certificado de conclusão do ensino médio.

Cada um de nossos encontros começa com um relato de episódio de classe em que tenha surgido algum problema específico. Quando a tal professora tomou a palavra, nos reuníamos pela quarta vez.

> Para tentar delimitar da melhor maneira possível o problema apresentado na abertura do encontro, e encontrar eventuais soluções, combinamos relatar sempre exemplos que permitissem descrever o clima relacional em que o episódio se dera, bem como falar do conteúdo e do método pedagógico utilizado no momento desse episódio.

Todos os professores participantes desse grupo são voluntários. Eles se comprometeram a fazer, um de cada vez, essa parte introdutória. Essa observação, que desejamos seja a mais detalhada possível, é muito importante: nela se baseia a reflexão do grupo, a partir da qual podemos tentar compreender, analisar e extrair as grandes leis de uma prática pedagógica às vezes um pouco singular, reconheçamos.

É indispensável que essas reuniões entre professores sejam animadas por alguém de fora da equipe?

Talvez não seja indispensável, mas é, em todo caso, desejável. A presença de uma pessoa de fora do grupo de professores, sem maior responsabilidade hierárquica, facilita os intercâmbios, atenuando as rivalidades e as posições excessivas.

Não é, porém, necessário fazer disso uma condição determinante da existência dessas reuniões, senão nos veremos diante de mais um obstáculo.

Ainda não chegou o dia em que cada escola poderá pagar os serviços de um psicólogo ou de um psicopedagogo para animar as reuniões semanais dos professores.

Por outro lado, nos lugares onde houver essas reuniões, talvez um dia seja possível atender a essa demanda.

O episódio relatado por aquela professora pode parecer anedótico, até mesmo um pouco marginal para abordar um assunto grave como o da falência escolar e das adaptações pedagógicas que poderiam permitir esperar reduzi-la. O debate entre os professores vai, porém, demonstrar que estamos bem no cerne do problema e que este por si só resume o desafio lançado aos pedagogos por todos os alunos inteligentes que não chegam ao domínio dos saberes fundamentais: como pode o professor se ressituar, quando seu esforço louvável para preencher lacunas e proporcionar parâmetros àqueles que deles às vezes precisam terrivelmente provoca mais mal-estar e contestação do que progressos reais? Como manter uma boa distância relacional com alunos tão insolentes? Como dar a resposta adequada, graças à qual o professor pode esperar manter seu lugar e sua autoridade?

Como manter a identidade de pedagogo, como querer continuar a transmitir o saber àqueles que não o querem e demonstram isso com comportamentos aberrantes, comportamentos esses opostos ao que seria necessário para que se efetue a aprendizagem?

Para além dos métodos pedagógicos, de que é também preciso falar e que têm sua importância, é antes de tudo a capacidade relacional e a disponibilidade psíquica do professor que vão ser solicitadas nos momentos mais difíceis para ele.

O questionamento no episódio de sala de aula relatado pela professora tem grandes implicações. Diz respeito ao conteúdo do curso, à estrutura montada para transmiti-lo, e também à própria pessoa do professor. O que é bem mais difícil suportar é a contestação, o ataque ao homem ou à mulher que existe em cada professor e que é responsável pelas rupturas, explosões e dispersões em que muitas vezes resultam as aulas.

É fácil imaginar o que poderia ter ocorrido se a tal professora tivesse perdido o autocontrole diante do gesto provocativo de Roni. O que aconteceria caso ela tivesse começado a gritar, ficado nervosa, se tivesse tido "uma crise", "soltado os cachorros", como muitas vezes os alunos desejam?

A professora é jovem, tem só trinta anos. É menor que muitos de seus alunos, e bastante bonita. Nos momentos de enfrentamento, os grupos de adolescentes vão além de uma contestação do curso. Os fantasmas mais brutos, de devoração, de ataque sexual, de esquartejamento ficam à solta e entram em ação, movidos pelo sadismo e pelo voyeurismo disseminados em nossa sociedade. Não é por acaso que, para falar dessas aulas, os professores às vezes evocam a imagem de um fosso de leões.

Acelera-se o desgaste profissional quando um professor trabalha com alunos com bloqueio da capacidade de pensar?

Quando o desejo de ensinar e o interesse pelo saber que muitas vezes levaram o professor a escolher seu ofício são bombardeados pelos alunos, os sinais de abatimento podem chegar rapidamente.

Manter o prazer de trabalhar com a repetição já não é coisa fácil, mas, quando a repetição vem acompanhada do empobrecimento da mensagem e da ambição constantemente revista para baixo, é perfeitamente lógico e previsível que o professor perca o ânimo.

É, portanto, indispensável colocar em cada escola recursos que evitem esse espelhamento ao qual os alunos nos arrastam.

A mediação cultural que sustenta também o funcionamento intelectual dos adultos e põe em movimento seu espírito criativo é um desses recursos. A reflexão sobre a prática, associada à existência de uma equipe pedagógica coesa, é outra.

Quando esses dois recursos encontram-se atuantes, vemos os professores se apaixonarem pelo encontro, sempre singular e renovado, com a dificuldade de aprendizagem.

Quando o questionamento pessoal é evidente...

Nas classes difíceis, um acontecimento desse tipo acontece praticamente a cada hora de aula; os participantes de nosso grupo de reflexão o confirmam. A capacidade de poder se ressituar diante da contestação e do questionamento pessoal é, portanto, colocada à prova várias vezes por dia.

Como pode o professor superar a oposição e a rejeição? Como vai suportar que tudo o que ele trouxe, tudo o que preparou com zelo seja desvalorizado mal tenha sido exposto? Como vai reagir quando suas correções ou suas observações são sentidas como injustiça ou perseguição? Como pode ele se ressituar quando o intercâmbio com os alunos se instaura sob a forma de provocação? Vai ele, por sua vez, se enrijecer ou desanimar? Proteger-se por meio da agressão e da rejeição? Cair na demagogia e no deixa estar? Ou vai conseguir neutralizar esses comportamentos, encontrando uma boa distância relacional, mantendo o diálogo, conservando a firmeza e a autoridade necessárias para a preservação do quadro de aprendizagem?

Isso é possível; alguns professores, aliás, o conseguem bastante bem. Podemos facilmente verificar o impacto benéfico disso sobre os alunos. Qual é o segredo? De onde eles extraem essa capacidade? Como transmiti-la a outros?

Os professores investiram nesse encontro bimensal para tentar responder a essas perguntas. Querem tentar compreender as engrenagens dessas situações paradoxais que seus alunos os fazem viver, bem como tirar conclusões, adotando, se possível, propostas pedagógicas e assumindo atitudes em face de comportamentos diante da aprendizagem que muitas vezes os desconcertam e desorientam.

Ao participar voluntariamente dessas reuniões, aceitaram de maneira implícita ir além do discurso, muitas vezes justo, mas pouco produtivo, que atribui a responsabilidade pelas contrariedades e impossibilidades à família ou à sociedade.

Ao se questionarem, compartilhando com seus colegas as dificuldades, e também as soluções, pretendem conseguir se manter, capitalizando seu *savoir-faire* e suas experiências. Em suma, esperam melhorar as respostas dadas a seus alunos às vezes de modo urgente e sob a influência da emoção.

O exemplo presente nos permite compreender melhor como se desenvolve essa reflexão. Após dez minutos de descrição do incidente relativo à correção do ditado feita pela tal professora, demos início a uma discussão a fim de apresentar as grandes perguntas que cada um de nós fez a si mesmo ao ouvir o relato.

As primeiras perguntas surgiram a propósito da atitude dessa professora diante do acontecido. Visivelmente seus colegas compreenderam mal sua tolerância para com Roni.

- Por que ela não agiu com mais firmeza?
- Por que não puniu Roni imediatamente?
- Teria ela tido uma atitude diferente com algum outro aluno?
- Por que não considerou esse gesto como inadmissível?

- Por que se reconciliou tão depressa com Roni?
- Teve medo da reação do grupo?
- Teve medo de Roni?
- Costuma agir assim?

As perguntas seguintes referem-se a propostas pedagógicas:

- Por que não propôs um ditado mais fácil?
- Por que não ensinar regras de ortografia a partir de textos escritos pelos alunos?
- Por que não escolher um outro sistema de notas, levando em conta, por exemplo, o êxito, mais do que os erros?
- Por que não extrair o ditado de um livro de Pagnol, *A glória de meu pai*[2], que os alunos leem nessa ocasião, em vez de escolher um aplicado em exame de conclusão de ensino médio?

Punir ou negociar?

O tom com que as perguntas foram apresentadas demonstrou claramente que o consenso prevalecente até então já não vigorava. Ao longo de nossos três primeiros encontros, o grupo de professores uniu-se em torno da ideia de que a exigência da hierarquia – respeitar o programa e preparar os melhores alunos para o exame de conclusão do ensino médio

[2] PAGNOL, Marcel. *A glória de meu pai*. Campinas: Pontes, 1994. (N.E.)

– os obrigava a deixar de lado os menos favorecidos e também freava sua criatividade.

Hoje estamos numa outra situação, a de oposições de pessoa e de estilo. Alguns afirmam não poder transmitir o saber abaixando a tal ponto o grau de exigências. Para estes, a atitude desse aluno é inadmissível; ele impede por si só o funcionamento normal da classe.

Como dispensar a atenção necessária àqueles que precisam trabalhar, àqueles que podem ter a pretensão de obter o diploma de ensino médio, quando se é obrigado a negociar e a perder tempo transigindo com jovens tão incorretos?

Um certo professor de tecnologia é porta-voz dessa corrente. Ele insiste com muita emoção e veemência na afirmação de que já não é possível assumir o papel de professor diante de jovens para quem todo esforço deve automaticamente conduzir a uma boa nota.

"O mais terrível", prossegue ele, "é que esses alunos não compreendem que uma lição avalia também saberes e aquisições, que uma nota não depende do tempo dispendido, como a remuneração por hora de quando eles trabalham no McDonald."

Sua conclusão: com jovens que não suportam o julgamento do adulto e se sentem perseguidos por causa de uma nota baixa, a pedagogia não vem ao caso. Antes, é preciso propor-lhes um trabalho educativo ou de socialização.

O outro subgrupo, do qual faz parte a professora da situação anterior, afirma o contrário: é perfeitamente possível dar aulas para alunos fracos, e até mesmo muito fracos, se eles entrarem no jogo. "Além disso, não é possível deixá-los de lado e trabalhar com metade da classe, a pretexto de preparar para o exame", ela contesta.

Aliás, segundo tal professora, essa divisão artificial não se sustenta, os alunos ignorados percebem-se muito bem como tal e impedem o funcionamento do curso. "Sem nos tornarmos educadores ou assistentes sociais, cabe a nós sair da limitação dos programas e propor trabalhos que os interessem, compatíveis com suas lacunas", argumenta ela.

Essa tomada de posição desencadeou a animosidade de cerca de metade dos participantes. Outra professora respondeu com virulência que rasgar o ditado e jogá-lo na lata de lixo sem ver a correção não é propriamente um exemplo de colaboração e que é preciso deixar de ocultar a verdade a pretexto de bons sentimentos.

Diversos colegas acrescentaram: se esses comportamentos aberrantes tivessem sido sistematicamente punidos desde o início, em vez de tolerados, talvez tivéssemos outros alunos nas salas de aula ao término do ensino médio. Todos os professores deveriam entrar num acordo quanto a um nível de exigência mínimo e se entenderem de uma vez por todas em relação ao que pode ser aceito e o que absolutamente não deve ser tolerado. Um comportamento como o de Roni não é admissível. Jogar a lição no lixo, de modo teatral, tendo o professor gasto tempo para corrigi-la, é algo que corta a relação. "Não há discussão possível. Se aceitarmos comportamentos desse tipo, é toda a classe que vai sofrer", concluiu esse grupo.

O tal professor de tecnologia acrescenta ainda que, se alguns professores tolerarem tais gestos, o trabalho de seus colegas se torna impossível. Os alunos não compreendem mais nada e, em seguida, já não vão aceitar qualquer exigência. À menor contrariedade, as pressões legítimas para fazer a classe avançar tornam-se aos olhos desses alunos uma injustiça.

A professora mencionada antes se sente interpelada e questionada com esse discurso. Pede novamente a palavra e responde: "A pedagogia não se resume a fazer os alunos avançarem como se fossem um só. Também é preciso transigir e esperar. Com alunos como Roni, a finalidade não é fazê-los dobrarem-se e dominá-los, mas manter o elo e recuperar sua autoconfiança".

De fato, desde a chegada ao ensino médio, esses alunos só recebem de si próprios imagens negativas. As notas baixas, as lições que eles não sabem fazer, são sua cota diária. A isso se juntam as interpelações de alguns professores que não passam de humilhação e desejo sádico de rebaixá-los.

"Também é preciso não ocultar essa verdade que existe e que todo mundo constata. Talvez seja também isso que alimenta as incivilidades e o clima de tensão existente no colégio", prosseguiu a professora. Quanto a Roni, ela sustentou que, se ele foi provocativo, antes de tudo é porque estava frustrado. Segundo ela, essa decepção visível deixava a porta aberta para o diálogo que se seguiu. Havia vários dias que ele tinha uma boa relação com ela, manifestava boa vontade. Ela não haveria de querer destruir tudo isso aplicando uma sanção que tivesse sido codificada antecipadamente.

Como formar uma equipe, quando os professores têm opiniões diferentes?

Esse intercâmbio, bastante intenso, entre professores demonstra que estamos no cerne de um problema grande e difícil de evocar, conhecido por todos os docentes que trabalham em equipe com esses mesmos alunos:

“Se estou em dificuldade, é por causa do comportamento de meus colegas. Suas exigências, ou suas tolerâncias, são excessivas e atrapalham ou desqualificam as minhas. Elas criam um clima na sala de aula que me tira do prumo”.

O intercâmbio se transforma em confronto. Devo me situar. Afirmo a eles que, na minha opinião, é realmente necessário que os professores definam um nível de tolerância em comum. Cada qual precisa ter em mente os comportamentos que não devem ser tolerados.

Por outro lado, seria um erro pensar que cada qual deve tratá-los de modo idêntico, aplicando a mesma sanção.

Há diferenças individuais num grupo de adultos mesmo quando eles têm um projeto em comum. Querer apagá-las não seria algo realista. Cada professor, com seu estilo, sua personalidade, negocia de maneira diversa diante dos mesmos incidentes. As diferenças individuais podem também ser uma riqueza, se houver coerência entre os adultos. Os alunos se dispõem perfeitamente a admitir diferentes formas de autoridade, desde que haja um mínimo de complementaridade e continuidade entre elas.

Para isso, cada qual precisa absolutamente ser apoiado em seu papel por seus colegas, e não desqualificado, como acontece com frequência nas equipes de professores.

O intercâmbio desse dia, em torno do caso de Roni, foi importante para melhorar as relações. De fato, muitas vezes são as percepções não ditas quanto à demagogia, ou à rigidez excessiva dos colegas, que envenenam a atmosfera das equipes pedagógicas.

Uma certa professora de matemática reconhece isso. Frequentemente, quando pega uma classe, diz a si mesma que o nervosismo dos alunos se deve à má influência de certos colegas aos quais falta firmeza. E acrescenta: "Para ser honesta, devo admitir que eu também nem sempre tenho a mesma disponibilidade para lidar com um incidente. Às vezes, acontece de eu deixar passar coisas à qual aplico sanções em outros momentos".

Outros professores evocam o efeito cumulativo, a repetição de incidentes cansativos que podem levá-los a deixar passar e a não reagir ou, ao contrário, a ter gestos ou palavras excessivas.

Para atenuar a intensidade provocativa de uma atitude como a de Roni, para buscar retomar o diálogo, como fez sua professora, todos estão de acordo: é preciso estar em forma, é preciso ter uma disponibilidade psíquica que ao fim do dia já acabou. Afirmam eles: mesmo com as melhores intenções do mundo, ninguém consegue enfrentar o terceiro incidente do dia com tanto tato como teve no primeiro.

Tomo a palavra para afirmar que o importante é antes de tudo não agir como se nada tivesse acontecido. As consequências de ignorar uma transgressão ou fazer cara de não ter visto vão acabar surgindo em algum momento.

Um gesto como o de Roni não deve, e não pode, passar em branco. O professor precisa desaprovar o gesto, buscar explicações, impor uma reparação. Na ausência disso, ele perde sua posição de responsável ou de líder diante do grupo.

Como compensação, há vários caminhos possíveis. No caso de Roni, um professor pode expulsá-lo da aula, puni-lo e esperar desculpas para retomar o vínculo, enquanto outro pode buscar o diálogo, privilegiando o trabalho de reparação.

Depois desses esclarecimentos, a professora de Roni reconheceu não ter sido suficientemente explícita com ele.

"Talvez eu devesse ter demonstrado mais firmeza, pois não associei a correção do ditado, que faz parte do trabalho costumeiro e normal, a uma reparação. Não deveria ter concedido os três pontos que costumo dar pela correção. Por outro lado, fiz isso porque temi que Roni caísse em sua oposição habitual, muito contagiante para o resto da classe. Neste instante, não lamento o que fiz. Depois desse incidente, nossa relação até que melhorou e ele continua se esforçando. Mas dois de seus colegas parecem agora mais provocativos comigo, como se desaprovassem o fato de eu ter conseguido apaziguar aquele que, ao me enfrentar, os representava na oposição."

Certa professora de francês do colégio vizinho cita o exemplo de uma experiência em curso que conseguiu despertar o interesse dos alunos mais à margem e mais opositores de uma classe particularmente difícil de ensino médio.

Desde o início do trimestre, uma correspondência contínua e regular vem se mantendo numa classe da região norte de Marselha. As cartas, correios eletrônicos, SMS, artigos recortados de jornais locais, mensagens coletivas e individuais, permitiram o desenvolvimento de um trabalho particularmente motivador para todos. A professora de francês que teve a iniciativa dessa correspondência pensava apenas obter um apoio que melhorasse a capacidade de escrita de seus alunos. Mas, diante da mobilização inesperada da classe, das pesquisas espontâneas feitas por uns e outros para alimentar esse intercâmbio, outros professores decidiram participar dessa experiência.

Um professor de história também se envolveu nessa experiência. Ele concordou em falar a respeito em nossa reunião seguinte; cada um de nossos encontros se desenvolve em torno de um assunto específico preparado com antecedência.

Por que não é generalizado o trabalho em equipe de professores, ferramenta que parece essencial e tão fácil de organizar?

O motivo é simples. Por trás dos problemas de organização, de emprego do tempo, de pagamento de horas suplementares, sempre apresentados para explicar por que essas reuniões não podem acontecer, existe entre os professores um verdadeiro temor de se mostrar em dificuldade.

A instituição encoraja a que se haja como se tudo transcorresse normalmente. O bom professor é aquele que não tem problema com suas classes.

A resposta que cada um vai encontrar para lidar com os alunos difíceis nem sempre entra no previsto pelo programa. É muitas vezes discutível e passível de suspeita. Exige escolhas e uma implicação pessoal que é às vezes difícil de expor e de analisar em reunião com colegas de ensino básico ou médio, ou com o superior hierárquico.

Num primeiro momento, esse procedimento reclama, portanto, um esforço e um investimento pessoal que só darão frutos depois de alguns meses. É, sem dúvida, por essa razão que essas reuniões tão dificilmente acontecem. Para ultrapassar esse obstáculo, essas sessões de trabalho coletivo precisam ser inseridas no tempo de trabalho dos professores e tornarem-se obrigatórias. É assim que um dia certamente contribuirão para o desenvolvimento de um verdadeiro trabalho em equipe, em cada estabelecimento de ensino.

10 A REFLEXÃO CONJUNTA VISTA POR QUEM A PRATICOU

A opinião dos participantes sobre o papel dessas reuniões

Nos colégios mencionados no capítulo anterior, foram realizadas umas trinta reuniões desse tipo ao longo de dois anos escolares. Quais interesses puderam nelas encontrar os professores que as frequentaram com bastante assiduidade? Teria essa reflexão enriquecido sua prática profissional?

Eis as respostas que os próprios professores deram a essas perguntas, quando de nosso último encontro. Estão classificadas por ordem de importância.

Em primeiro lugar, lutar contra o isolamento

O isolamento é considerado o maior fator de desestabilização. Quando um professor se sente em dificuldade, logo perde a autoconfiança, procura se isolar para não falar disso e rapidamente atribui a seus colegas e à hierarquia uma responsabilidade parcial por sua angústia e aflição. Os encontros regulares do grupo permitem evitar ou atenuar esses sentimentos muito nefastos e desmotivadores que atingem principalmente os novatos.

Aproveitar a experiência dos outros

Ouvir o relato de episódios ocorridos em sala de aula, bem ou mal transcorridos, feito por outros professores, é tranquilizador e também instrutivo. Permite lançar um olhar distanciado à pedagogia, encoraja o inovar, o considerar novas respostas, o ousar modos de realização em que não se havia pensado.

Observar suas estratégias pessoais

Constatar que os colegas podem agir de outro modo em situações idênticas, observar com olho crítico suas próprias escolhas, tudo isso permite a cada um avaliar a que ponto as respostas e as mensagens transmitidas aos alunos dependem de implicação pessoal.

> A maneira de dizer é muitas vezes mais importante do que aquilo que é dito, principalmente quando se fala a uma classe difícil. Essa é uma das grandes lições dessas reuniões.

Incitar à experimentação pedagógica

Essas reuniões despertam a vontade de experimentar e inovar, pois oferecem um espaço privilegiado para relatar, analisar e compreender o que fazemos. A possibilidade de vários seguirem uma mesma pista e, em seguida, poderem comparar isso num grupo de colegas é muito estimulante e tranquilizadora. Renova o interesse pela reflexão sobre o ato pedagógico, mesmo quando os resultados não aparecem durante o encontro.

Tomar distância das situações de conflito

Os problemas de relacionamento com certos alunos, até mesmo com certas classes, tomam às vezes tamanha dimensão pessoal que tiram a energia e minam o moral dos professores. Poder falar, estar atento às reações dos colegas, procurar compreender o que há por baixo dos comportamentos negativos, tudo isso muda o modo de ver e atenua as crispações.

É importante que a instituição favoreça e encoraje a criação desses espaços onde seja possível colocar em palavras e ressituar em um contexto pedagógico os sentimentos e emoções excessivas, vividos pela maioria dos professores confrontados com a falência escolar.

Alguns colegas precisam contar com a punição, até mesmo com a ajuda da polícia para fazer diminuir a violência. A reflexão conjunta entre professores pode ajudar a administrar melhor esses conflitos?

Felizmente são raros os acontecimentos graves que tornam necessária a ajuda da polícia. Não fazem parte do cotidiano dos professores; evitemos, portanto, generalizar a partir de eventualidades que abalam a opinião pública.

Por outro lado, incivilidades menores, como cuspir no chão, falar mal, não pegar o material escolar etc., são suficientemente numerosas e graves para envenenar a atmosfera de uma classe ou de um colégio. A repetição desses gestos cansa e desgasta os professores.

A partir de que momento seria necessário intervir? Seria preciso fingir não ter visto coisa alguma? Como tratar esses alunos sem passar o dia aplicando sanções?

Eis o problema colocado às equipes de professores que nunca será resolvido com a redação de regulamento interno, por mais completo e preciso que seja.

☞

☞ Quanto a esse ponto, o entendimento entre professores pode ser essencial para gerir os acontecimentos do cotidiano, mas também e principalmente para criar a dimensão de grupo entre os adultos do colégio. Sem essa dimensão, os alunos têm dificuldade para compreender o valor e o papel da sanção.

Em todo caso, não nos vamos iludir. A diminuição da violência nas escolas só se dará no dia em que, ao lado da autoridade e das ações concertadas entre os professores, a instituição valorizar também as atividades pedagógicas passíveis de proporcionar aos jovens os meios de colocar palavras sobre suas emoções, já excessivas, exacerbadas devido ao confronto com a aprendizagem.

Qual foi o prolongamento dessas reuniões?

Essas reuniões compreendiam professores de dois colégios e resultaram na criação de duas equipes experimentais. Cada uma delas fixou-se o objetivo de estabelecer as grandes linhas de um programa de primeiro ano de ensino médio, associando-as a um tema em comum para facilitar as pontes entre as disciplinas.

A escolha do primeiro suporte para empreender esse trabalho recaiu sobre o romance de Júlio Verne *Vinte mil léguas submarinas*, para uma das classes, e, para a outra, sobre textos que tratam da origem do mundo e do homem.

Eis, a seguir, o documento que resume as propostas feitas pelo grupo de participantes das reuniões, elaborado para solicitar novos colegas a fim de completar as equipes.

A pedagogia em torno de um tema para reunir professores

Na equipe de professores que trabalham com uma mesma classe, cada um deles aceita enunciar os pontos essenciais de seu programa em torno de um tema que será comum a todas as disciplinas. Esse tema, escolhido por suas características culturais e educativas, deve ser suficientemente abrangente para poder ser retomado nas matérias literárias, científicas, artísticas e esportivas.

- Deverá ser escolhido por sua adequação aos interesses e às preocupações dos alunos da classe.
- Deverá permitir aliar a dimensão concreta, prática e imaginária de que esses alunos particularmente precisam para acessar os conhecimentos escolares.
- Não se definirá apenas em termos de saberes; permitirá também aliar um projeto educativo.

O tema, um pretexto para adaptar as ambições pedagógicas às dificuldades dos alunos

Os objetivos perseguidos nessa abordagem:

- recuperar a motivação dos alunos, graças a uma pedagogia mais ativa;
- dar um sentido às aprendizagens ao se tentar fazer uma ligação entre as diversas disciplinas, a partir do interesse dos alunos;
- definir uma base comum que possa ser apreciada e dominada por todos, até mesmo por aqueles que chegam ao ensino médio sem os conteúdos da escolaridade primária.

O tema, um pretexto para encorajar o trabalho de equipe e os intercâmbios entre os professores

A única proteção contra as graves dificuldades encontradas pelos professores assenta-se na reflexão e no trabalho de equipe. Seria ilusório crer no aporte de soluções exteriores para resolver os conflitos em que a dimensão do relacionamento é primordial. Daí a necessidade de realizar uma reunião por semana, sendo essa reunião considerada um trabalho de preparação coletiva das aulas.

> É com a capitalização das experiências e com a riqueza dos intercâmbios que uma verdadeira mudança pode ocorrer, mais do que com o aporte de teorias pedagógicas que, de algum modo, possam ainda ser criadas para esse público.

Um resumo da reflexão conjunta

Bem mais que um espaço privilegiado para encontrar apoio e fazer experiências, esses encontros regulares entre professores são antes de tudo uma proteção contra o efeito espelho a que os alunos rebeldes os conduzem.

A baixa autoestima, a falta de motivação, os comportamentos não distanciados das emoções e o bloqueio da capacidade de pensar, que caracterizam os alunos contestadores, acabam por vencer os professores que deles se ocupam.

Como manter a autoconfiança necessária ao exercício da profissão diante de jovens que desvalorizam o saber e não acolhem a mensagem dos professores? Como manter a calma diante de comportamentos arrogantes ou de oposição, quando não violentos ou agressivos? Como ativar o pensamento, manter a curiosidade, o prazer pela pesquisa e pelo funcionamento intelectual diante de crianças que parecem desprezar o que lhes é proposto e forçam constantemente os professores a empobrecer sua mensagem?

É incontestável que esse efeito negativo atua nos dois sentidos. E é por isso que é preciso falar do efeito espelho.

Um aluno rebelde desencoraja e desmotiva seu professor. Um professor desencorajado e deprimido, que já não é sustentado pelo prazer de pensar e de ensinar, transmite por sua vez uma mensagem negativa a seus alunos, que a metabolizam com a aversão ao estudo e a devolvem ao professor.

A reflexão conjunta entre professores, principalmente quando resulta em um trabalho de equipe, é o único meio de sair dessa espiral infernal.

Afora a reflexão conjunta, como se reconciliar com os alunos violentos, que na relação com o professor só fazem oposição sistemática?

Vou responder com uma metáfora, recorrendo ao mito de Hércules. Hércules sai quebrando tudo, nada o detém. Depois de ter sido uma criança agitada, de sono perturbado por maus sonhos, ele se torna um adulto incontrolável. Ataca até mesmo sua família e seus professores. Certo dia, chegou a matar Lino, seu professor de música, com um golpe de lira na cabeça. Em outra ocasião, jogou seus próprios filhos às chamas. Como chamá-lo à razão? Como acalmar essa violência que o leva a destruir tudo ao redor quando está contrariado ou frustrado? Seu pai, Zeus, querendo ajudá-lo a sair desse impasse, lhe impõe o ☞

famoso ciclo de trabalhos. Doze trabalhos em doze anos em nome de uma ideia-força: ao mesmo tempo que colocará ordem no mundo, apagando os vestígios do caos original, talvez coloque ordem também em si mesmo.

Os animais estranhos e destruidores que ele enfrenta são representações dos medos arcaicos que o assombram desde os primeiros meses de vida. Esses monstros representam, cada qual a seu modo, os medos que perturbam seu sono e o parasitam quando ele quer se voltar a si mesmo para fazer uma reflexão.

O caminho da redenção será longo, pontuado de recaídas, cóleras, descumprimento de promessas... mas seus mestres, o rei Euristeu e a rainha Onfala, não cruzarão os braços. Hércules acabará se tornando o guardião prudente e calmo das portas do Olimpo.

Não nos daria esse mito indicações do caminho que deveríamos fazer percorrer os alunos inteligentes que resvalam na oposição e na violência tão logo se encontram em dificuldade de aprendizado? Em todo caso, ele nos oferece uma mensagem importante: se queremos reconciliar esses jovens com o saber, antes será preciso ajudá-los a dispor de um mundo interior suficientemente confiável e seguro para que possam enfrentar o questionamento e a frustração passageira que acompanham o trabalho do pensamento.

Será possível imaginar isso em um quadro pedagógico? Por certo que, para apagar os vestígios do caos original e esperar o apaziguamento, não é necessário pedir a nossos alunos que cacem serpentes nos pântanos ou limpem os estábulos do rei Áugias. Nosso patrimônio cultural é repleto de textos que permitem universalizar e dar forma aos temores que impedem o desenrolar do pensamento. Não é nosso papel transmiti-los às gerações que surgem?

Por que não haveríamos de dedicar uma hora por dia a lê--los e debatê-los em nossas classes? Longe de demagógica e utópica, essa proposição é essencial. É nessa alimentação cultural, assegurada pela leitura diária ao longo de anos, e no exercício do funcionamento intelectual, assegurado pelo confronto da palavra e do pensamento de um com a palavra e o pensamento de outro, que se funda a esperança de uma verdadeira mudança.

Zeus preconiza doze anos. É o tempo de escolaridade do maternal ao colégio... Certamente não é demais para que se espere tirar de um fracasso escolar previsto aqueles que, na esteira de Hércules, só têm em vista a ruptura e a passagem à ação para escapar das inquietações que a aprendizagem neles reativa.

CONCLUSÃO

NÃO REDUZIREMOS A FALÊNCIA ESCOLAR SEM TRATAR DO BLOQUEIO DE PENSAMENTO

A mudança da escola será cultural ou não acontecerá

"Assegurar o saber de base e retornar aos fundamentais. Antes de tudo, ensinar as crianças a ler, a escrever e a contar."

Por que essa injunção simples, feita de modo insistente há alguns anos aos professores, não produz nenhum efeito visível nas estatísticas de falência escolar? Porque essa ideia forte e lógica, que qualquer pessoa sensata só pode defender e apoiar, contém em si uma armadilha que se vai fechar inexoravelmente sobre a instituição da escola.

De fato, o grande problema dos alunos que resistem firmemente aos saberes de base não é a falta de treinamento ou de solicitação personalizada para adquirir os fundamentais. Trata-se de algo bem diferente, trata-se do bloqueio de raciocínio, para o qual a escola ainda não se proveu de meios de tratamento.

Essas crianças sofrem de um mal que o retorno aos métodos antigos e à autoridade não poderia atenuar. Elas não conseguem enfrentar a dúvida ligada à aprendizagem sem ativar simultaneamente inquietações identitárias e sentimentos de frustração que perturbam seu funcionamento intelectual. Esse mecanismo as leva a produzir para si, ao longo dos anos, uma carapaça antiaprendizagem e as transforma em intocáveis para os professores de colégio.

A especialidade das crianças inteligentes que não acessam os saberes fundamentais é inventar meios para congelar o processo de pensamento. As ideias de autodesvalorização e de perseguição que logo vemos surgir florescem nessas crianças durante o tempo de pesquisa e de reflexão e são os sinais mais visíveis desse processo.

Enquanto não reconhecermos esse processo, continuaremos a travar com elas uma luta perdida de antemão. Mesmo com os remédios pedagógicos mais sofisticados apresentados por nossos melhores mestres, não vamos conseguir coisa alguma.

Manteremos sempre os números de alunos indomáveis diante dos saberes básicos, enquanto não quisermos estabilizar o terreno sobre o qual colocamos a famosa base de fundamentais.

Querer tratar o aluno que não consegue recorrer a suas capacidades reflexivas para aprender da mesma maneira que aquele que precisa da repetição ou de aportes metodológicos para sair do caminho batido é um grave erro pedagógico. É assim que contribuiremos para a fábrica de refratários ao aprendizado.

Antes de tudo, é preciso ajudar essas crianças a enriquecer e tornar seguro seu mundo interior, que lhes faz falta e já não produz representações confiáveis quando elas precisam enfrentar a pressão.

Ao contrário do que dizem os partidários do imobilismo, sempre dispostos a continuar fazendo aquilo que não funciona, esse objetivo é eminentemente pedagógico. Não permitamos dizer aqui que se trata de um papel de psicólogo ou de educador.

> No tocante à cultura e à linguagem, é precisamente os professores que dispõem das duas ferramentas de melhor desempenho para recolocar em movimento a máquina de pensar, reforçando o mundo interior.

É absolutamente lamentável que esses dois propulsores sejam subutilizados em nossa pedagogia. Sem eles, e eu até ousaria dizer, sem o uso intensivo deles, que deveria ser fixado em uma hora diária em todas as classes, do maternal ao último ano do ensino médio, a ativação do funcionamento intelectual desses alunos com bloqueio da capacidade de pensar se revelará uma missão impossível.

Que se permita, enfim, que os que têm bloqueio de raciocínio enfrentem o aprendizado

Fiquemos tranquilos, esse procedimento que poderia provocar a mudança profunda de que nossa escola precisa não é de modo algum revolucionário. Não impede em nada o rigor ou o respeito aos programas. Preconiza, sim, a interação entre as disciplinas, sem com isso desconstruir os saberes disciplinários. E o que é ainda mais tranquilizador: aumenta o rendimento dos alunos melhores.

Esse procedimento pedagógico assenta-se sobre um princípio tão fácil de resumir quanto de aplicar: a apresentação dos saberes e dos exercícios necessários à sua fixação só se deve dar quando o professor tiver ido em busca do interesse por esses saberes, ou de sua justificação na alimentação cultural e no debate que ele provoca no grupo de alunos.

Antes de cultivar a diferença, é preciso construir um fundo em comum aglutinador, sobre o qual se devam apoiar todas as atividades de aprendizagem. O segredo de um ensino eficaz junto a públicos heterogêneos reside nessa condição prévia, que é absolutamente preciso não escamotear. Se quisermos que todos os alunos se interessem pela atividade na sala de aula, em primeiro lugar temos que enriquecer o terreno no qual desejamos semear.

Quando se dedicou toda uma carreira a alunos em dificuldade de aprendizado, é absolutamente consternador ver florescer a cada dois ou três anos um novo dispositivo de luta contra a falência escolar que, a pretexto de urgência e de eficácia, põe em risco os princípios fundamentais da transmissão dos saberes.

Nesses períodos de crise, não desperdicemos o dinheiro público conduzindo os professores a impasses que pervertem sua missão e os desmoralizam. Antes, vamos ajudá-los a crer no papel da cultura, sustentada por um verdadeiro trabalho de equipe. É assim que reencontraremos o prazer de transmitir, até mesmo aos impedidos de pensar.

BIBLIOGRAFIA

ASTOLFI, J.-P. *L'erreur, un outil pour enseigner*. ESF, 1999.

AUTIQUET, M. *Platon. Eros pédagogue*. Hachette, 2000.

BACHELARD, G. *La formation de l'esprit scientifique*. Vrin, 1967.

BAYLE, N.; FAUCHON, F. *Actes du colloque du Soixantenaire du Centre Claude Bernard "Les nouvelles familles"*. ACB, 2007.

BENTOLILA, A. *Tout sur l'école*. Odile Jacob, 2004.

BERNARDIN, J. *Comment les enfants entrent dans la culture écrite*. Retz, 1997.

BETTELHEIM, B. *La lecture et l'enfant*. Hachette, 1993.

________. A psicanálise dos contos de fadas. Rio de Janeiro: Paz e Terra, 1980.

BLIN, J.-F. *Classes difficiles*. Delagrave, 2003.

BOCHEREAU D.; JEAMMET, Ph. *La souffrance des adolescents*. La Découverte, 2007.

BOIMARE, S. A *criança e o medo de aprender.* São Paulo: Paulinas, 2007.

________. *Peur d'apprendre et médiation culturelle*. Video Anthea, 2002.

BONNAFE, M. *Les livres c'est bon pour les bébés*. Pluriel Hachette, 2003.

________; PARRA CABREJO E. *Premiers récits, premières conquêtes*. Accés, 2008.

BRACONNIER, A. *Petit ou grand anxieux*. Odile Jacob, 2002.

BRICOUT, B. *La clé des contes*. Seuil, 2005.

BRUNER, J. *Pourquoi nous racontons-nous des histoires.* Retz, 2002.

CANAT, S. *Vers une pédagogie institutionnelle adaptée.* Champ Social Édition, 2007.

CATHELINE, N. *Psychopathologie de la scolarité.* Masson, 2003.

CERASOLI, A. *Petits et grands mystères des Maths.* Castor Poche Flammarion, 2008.

CHAUVEAU, G. *Comprendre l'enfant apprenti lecteur.* Retz, 2001.

DANON BOILEAU, H. *Les études et l'echec.* Payot, 2002.

DARCOS, X.; MEIRIEU, Ph. *Deux voix pour une école.* Desclée de Brouwer, 2003.

DE MIJOLLA MELLOR, S. *L'enfant lecteur.* Bayard, 2005.

________. *Le besoin de savoir.* Dunod, 2002.

DESPINOY, M. *Comprendre et soigner l'enfant en échec scolaire.* Dunod, 2004.

DOREY, R. *Le désir de savoir.* Denoël, 1988.

DUBET, F.; DURU-BELLAT, M. *L'hypocrisie scolaire.* Seuil, 2000.

EMBS, J.-M. *Le guide Jules Verne.* Les Éditions de l' Amateur, 2005.

FAVRE, D. *Transformer la violence des élèves.* Dunod, 2007.

FREINET, C. *Oeuvres pédagogiques.* Seuil, 1994.

GAMMILL, J. *La position dépressive au service de la vie.* In Press, 2007.

GILLIG, J.-M. *Le conte en pédagogie et en rééducation.* Dunod, 1998.

GOIGOUX, R.; SEBE, S. *Apprendre à lire à l'école.* Retz, 2006.

GRAVES, R. *Les Mythes Grecs.* Pluriel, 1967.

GRIMAL, P. *Dictionnaire de la Mythologie* PUF, 1986.

GUEDJ, D. *Les Mathématiques expliquées à mes filles.* Seuil, 2008.

HENRI, C. *De Marivaux et du loft.* P.O.L., 2003.

HURTIG DELATTRE, C. *Restaurer le goût d'apprendre.* L'Harmattan, 2004.

JEAMMET, Ph. *Réponses à 100 questions sur l'adolescence.* Solar, 2002.

KHALIFA, M. *De l'échec scolaire au bonheur d'apprendre.* L'Harmattan, 2008.

LEVINE J.; MOLL J. *Je est un autre.* ESF, 2001.

MARCELLI, D. *L'enfant, chef de la famille.* Albin Michel, 2003.

MEIRIEU, Ph. *Des enfants et des hommes, littérature et pédagogie, Tome I, La promesse de grandir.* ESF, 1999.

________. *Faire l'école, faire la classe.* ESF, 2004.

MELJAC, C.; MELLOT, Ph. *Des enfants hors du lire.* Bayard, 1994.

MINGUET, B. *La maternelle, une école pour la vie.* Bayard, 1998.

MORIN, E. *Les sept savoirs nécessaires à l'éducation du futur.* Seuil, 2000.

NIMIER, J. *La formation psychologique des enseignants.* ESF, 1996.

PAIN, J. *Banlieue*; les défis d'un collège citoyen. ESF, 1998.

PARRA EVELIO, C. *Acquisition du langage et activités psychiques.* Papyrus, 2004.

PENNAC, D. *Chagrin d'école.* Gallimard, 2007.

________. *Como um romance. Rio de Janeiro: Rocco, 1997.*

PETIT, M. *Éloge de la lecture.* Belin, 2002.

PIERRELEE, M.-D.; BAUMIER, A. *Pourquoi vos enfants s'ennuient en classe?* Syros, 1999.

PIQUEMAL, M; LAGAUTIERE, Ph. *Les philo-fables.* Albin Michel, 2003.

PRIVAT, P.; QUELIN, D. *Travailler avec les groupes d'enfants.* Dunod, 2005.

RAMBAUD, P. *La grammaire en s'amusant.* Grasset, 2007.

SERRES, M. *Récits d'humanisme.* Le Pommier, 2006.

________. *Jules Verne, la science et l'homme contemporain.* Le Pommier, 2003.

SORIANO, M. *Jules Verne.* Julliard, 1978.

STRAUSS-RAFFY, C. *Le saisissement de l'écriture.* L'Harmattan, 2004.

SZAC, M. *Le Feuilleton d'Hermès.* Bayard jeunesse, 2006.

THARRAULT, P. *Pratiquer le débat philo a l'école.* Retz, 2007.

TISSERON, S. *Comment Hitchkock m'a guéri.* Albin Michel, 2003.

________. *Vérités et mensonges de nos émotions.* Albin Michel, 2005.

TOZZI, M. *Les activités à visée philosophique en classe, l'émergence, d'un genre.* CRDP de Bretagne, 2003.

VERNANT, J.-P. *Les dieux, l'univers, les hommes. Vernant raconte les mythes.* Seuil, 1999.

YANNI, E. *Comprendre et aider les élèves en échec.* ESF, 2001.

Impresso na gráfica da
Pia Sociedade Filhas de São Paulo
Via Raposo Tavares, km 19,145
05577-300 - São Paulo, SP - Brasil - 2011